CODE DE LA LÉGISLATION

CONTRE LES

ANARCHISTES

CONTENANT

LE COMMENTAIRE DE LA LOI DU 28 JUILLET 1894

AYANT POUR OBJET DE RÉPRIMER LES MENÉES ANARCHISTES

SUIVI DU COMMENTAIRE DES LOIS

DU 12 DÉCEMBRE 1893 MODIFIANT LA LOI SUR LA PRESSE,
DU 18 DÉCEMBRE 1893 SUR LES ASSOCIATIONS DE MALFAITEURS,
DU 18 DÉCEMBRE 1893
SUR LA FABRICATION ET LA DÉTENTION DES EXPLOSIFS

PAR

LOUBAT

PROCUREUR DE LA RÉPUBLIQUE, A SAINT-ÉTIENNE

PARIS

LIBRAIRIE MARESCQ AINÉ

CHEVALIER-MARESCQ ET CIE, ÉDITEURS

20, RUE SOUFFLOT, 20

1895

CODE DE LA LÉGISLATION

CONTRE LES

ANARCHISTES

TOURS, IMPRIMERIE DESLIS FRÈRES

CODE DE LA LÉGISLATION

CONTRE LES

ANARCHISTES

CONTENANT

LE COMMENTAIRE DE LA LOI DU 28 JUILLET 1894

AYANT POUR OBJET DE RÉPRIMER LES MENÉES ANARCHISTES

SUIVI DU COMMENTAIRE DES LOIS

DU 12 DÉCEMBRE 1893 MODIFIANT LA LOI SUR LA PRESSE,
DU 18 DÉCEMBRE 1893 SUR LES ASSOCIATIONS DE MALFAITEURS,
DU 18 DÉCEMBRE 1893
SUR LA FABRICATION ET LA DÉTENTION DES EXPLOSIFS

PAR

LOUBAT

PROCUREUR DE LA RÉPUBLIQUE, A SAINT-ÉTIENNE

———

PARIS

LIBRAIRIE MARESCQ AÎNÉ

CHEVALIER-MARESCQ ET Cᵢᵉ, ÉDITEURS

20, RUE SOUFFLOT, 20

—

1895

PREMIÈRE PARTIE

—

LOI DU 28 JUILLET 1894

LOI

AYANT POUR OBJET DE RÉPRIMER LES MENÉES ANARCHISTES

Le Sénat et la Chambre des députés ont adopté,

Le Président de la République promulgue la loi dont la teneur suit :

ARTICLE PREMIER. — Les infractions prévues par les articles 24, paragraphes 1 et 3, et 25 de la loi du 29 juillet 1881, modifiés par la loi du 12 décembre 1893, sont déférées aux tribunaux de police correctionnelle lorsque ces infractions ont pour but un acte de propagande anarchiste.

ART. 2. — Sera déféré aux tribunaux de police correctionnelle et puni d'un emprisonnement de trois mois à deux ans et d'une amende de 100 à 2,000 francs tout individu qui, en dehors des cas visés par l'article précédent, sera convaincu d'avoir, dans un but de propagande anarchiste :

§ 2. 1° Soit par provocation, soit par apologie des faits spécifiés auxdits articles, incité une ou plusieurs personnes à commettre soit un vol, soit les crimes de meurtre, de pillage, d'incendie, soit les crimes punis par l'article 435 du Code pénal;

§ 3. 2° Ou adressé une provocation à des militaires des armées de terre ou de mer, dans le but de les détourner de leurs devoirs militaires et de l'obéissance qu'ils doivent à leurs chefs dans ce qu'ils leur commandent pour l'exécution des lois et règlements militaires et la défense de la Constitution républicaine.

§ 4. Les pénalités prévues au paragraphe 1er seront appliquées même dans le cas où la provocation adressée à des militaires des armées de terre ou de mer n'aurait pas le caractère d'un acte de propagande anarchiste; mais, dans ce cas, la pénalité accessoire de la relégation édictée par l'article 3 de la présente loi ne pourra être prononcée.

§ 5. La condamnation ne pourra être prononcée sur l'unique déclaration d'une personne affirmant avoir été l'objet des incitations ci-dessus spécifiées, si cette déclaration n'est pas corroborée par un ensemble de charges démontrant la culpabilité et expressément visées dans le jugement de condamnation.

ART. 3. — La peine accessoire de la relégation pourra être prononcée contre les individus condamnés en vertu des articles 1er et 2 de la présente loi à une peine supérieure à une année d'emprisonnement et ayant encouru, dans une période de moins de dix ans, soit une condamnation à plus de trois mois d'emprisonnement pour les faits spécifiés auxdits articles, soit une condamnation à la peine des travaux forcés, de la réclusion ou de plus de trois mois d'emprisonnement pour crime ou délit de droit commun.

ART. 4. — Les individus condamnés en vertu de la présente loi seront soumis à l'emprisonnement individuel, sans qu'il puisse résulter de cette mesure une diminution de la durée de la peine.

§ 2. Les dispositions du présent article seront applicables pour l'exécution de la peine de la réclusion ou de l'emprisonnement prononcée en vertu des lois du 18 décembre 1893 sur les associations de malfaiteurs et la détention illégitime d'engins explosifs.

ART. 5. — Dans les cas prévus par la présente loi, et dans tous ceux où le fait incriminé a un caractère anarchiste, les cours et tribunaux pourront interdire, en tout ou partie, la reproduction des débats, en tant que cette reproduction pourrait présenter un danger pour l'ordre public.

§ 2. Toute infraction à cette défense sera poursuivie conformément aux prescriptions des articles 42, 43, 44 et 49 de la loi du 29 juillet 1881, et sera punie d'un emprisonnement de six jours à un mois et d'une amende de 1,000 à 10,000 fr.

§ 3. Sera poursuivie dans les mêmes conditions et passible des mêmes peines toute publication ou divulgation, dans les cas prévus au paragraphe 1er du présent article, de documents ou actes de procédure spécifiés à l'article 38 de la loi du 29 juillet 1881.

ART. 6. — Les dispositions de l'article 463 du Code pénal sont applicables à la présente loi.

La présente loi, délibérée et adoptée par le Sénat et par la Chambre des députés, sera exécutée comme loi de l'État.

Fait à Paris, le 28 juillet 1894.

CASIMIR-PÉRIER.

Par le Président de la République :

Le Président du Conseil, ministre de l'Intérieur et des Cultes,
CH. DUPUY.

Le garde des Sceaux, ministre de la Justice,
E. GUÉRIN.

AVANT-PROPOS

Les nombreux attentats qui se sont succédé depuis quelques années ont eu pour effet d'appeler l'attention sur les menées de la secte anarchiste qui avait pu grandir, se recruter et s'organiser librement, à l'abri de l'impuissance de la loi.

Les lois des 12 et 18 décembre 1893 avaient marqué d'une manière énergique la volonté de se défendre et de donner enfin à la justice des armes nécessaires. La loi du 12 décembre modifiant la loi sur la presse, créant le délit d'apologie et permettant l'arrestation préventive des inculpés et la saisie des journaux, produisit un résultat considérable et le plus important : elle enraya cette propagande publique, scandaleuse, qui s'étalait au grand jour entre les colonnes des feuilles anarchistes, et les prédications enflammées que les docteurs de l'anarchie répandaient dans leurs conférences. Dès ce jour, ces prudents apôtres eurent peur. L'ignoble *Père Peinard* disparut avec Pouget, son rédacteur, qui prit la fuite, et les conférenciers se turent, sachant qu'à la première incartade on leur mettrait la main au collet.

Il faut reconnaître, à la louange du législateur, que la source de l'anarchie était tarie. Elle ne coulera plus si on continue à tenir la main à l'application rigoureuse, impitoyable de cette loi.

Celle du 18 décembre sur les associations de malfaiteurs a été moins féconde. Elle a cependant jeté la perturbation dans les milieux anarchistes, obligé les compagnons à dissoudre leurs groupes, à abandonner les locaux de leurs conciliabules et à disperser leurs bibliothèques; mais, alors qu'on pensait pouvoir purger le pays de ces sectaires, la justice s'est trouvée impuissante.

Au lendemain de l'assassinat de M. Carnot, un nouveau pas est fait en avant, et, notre législation, en cette matière, ne s'améliorant qu'au prix du crime et du sang, la loi du 28 juillet 1894 est inscrite dans nos Codes. Espérons que de nouveaux attentats n'obligeront pas la société à aller encore plus loin dans l'œuvre de répression et de sécurité sociale!

Nous pensons que la loi nouvelle est une arme puissante pour servir à la défense de l'ordre, et notre seule ambition est de la présenter avec le cortège des autorités qui, l'ayant élaborée et soutenue devant les Chambres, sauront la faire connaître bien mieux que nos commentaires, et d'épargner ainsi à ceux qui seront chargés de l'appliquer de fastidieuses recherches dans une discussion des plus touffues.

CODE DE LA LÉGISLATION
SUR LES ANARCHISTES

ARTICLE PREMIER

« Les infractions prévues par les articles 24, § 1 et 3, et 25 de la loi du 29 juillet 1881, modifiés par la loi du 12 décembre 1893, sont déférées aux tribunaux de police correctionnelle lorsque ces infractions ont pour but un acte de propagande anarchiste. »

CHAPITRE I

DE LA COMPÉTENCE DES TRIBUNAUX CORRECTIONNELS

L'article 1er de la loi du 28 juillet 1894 soumet à la juridiction correctionnelle tous les délits visés par les articles 24, § 1 et 3, et 25 de la loi du 29 juillet 1881, modifiés par la loi du 12 décembre 1893. Afin de préciser les délits dont il s'agit, nous ne pouvons mieux faire que de rapporter ici les dispositions légales auxquelles renvoie l'article 1er et qui sont ainsi conçues :

« Art. 24, § 1. — Ceux qui, par l'un des moyens énoncés en l'article précédent, auront directement provoqué soit au vol, soit aux crimes de meurtre, de pillage et d'incendie, soit à l'un des crimes punis par l'article 435 du Code pénal, soit à l'un des crimes et délits contre la sûreté extérieure de l'État, prévus par les articles 75 et suivants, jusques et y compris l'article 85 du même Code, seront punis, dans le cas où cette provocation n'aurait pas été suivie d'effet, de un an à cinq ans d'emprisonnement et de 100 à 3,000 francs d'amende. »

« § 3. — Seront punis de la même peine ceux qui, par l'un des moyens énoncés à l'article 23, auront fait l'apologie des crimes de meurtre, de pillage ou d'incendie, ou du vol, ou de l'un des crimes prévus par l'article 435 du Code pénal. »

« ART. 25. — Toute provocation par l'un des moyens énoncés en l'article 23, adressée à des militaires des armées de terre ou de mer, dans le but de les détourner de leurs devoirs militaires et de l'obéissance qu'ils doivent à leurs chefs dans tout ce qu'ils leur commandent pour l'exécution des lois et règlements militaires, sera punie d'un emprisonnement de un an à cinq ans et d'une amende de 100 à 3,000 francs. »

Les infractions prévues par l'article 1er de la loi du 28 juillet 1894, et dont la compétence est attribuée aux tribunaux correctionnels, sont donc les suivantes:

1° La provocation au vol, au meurtre, au pillage, à l'incendie, à la destruction, à l'aide d'explosifs, de tous objets mobiliers ou immobiliers, ou au dépôt, dans une intention criminelle, d'un engin explosif sur une voie publique ou privée, ou à l'un des crimes contre la sûreté extérieure de l'État;

2° L'apologie du meurtre, du pillage, de l'incendie, du vol ou de la destruction à l'aide d'engins explosifs;

3° L'excitation des militaires à la désobéissance envers leurs chefs.

Antérieurement à la loi du 28 juillet 1894, tous ces faits étaient de la compétence de la Cour d'assises. Ils seront désormais attribués à la police correctionnelle *toutes les fois qu'ils constitueront un acte de propagande anarchiste*.

En édictant cette réforme, le législateur a obéi à une double pensée : restituer au juge du droit commun des délits de droit commun et obtenir une répression plus rapide et plus égale.

Ces deux considérations paraissent également fondées.

Dans notre régime pénal, les tribunaux correctionnels sont la juridiction du droit commun en matière de délits. La loi du 29 juillet 1881 avait dérogé à cette règle en faveur des délits de presse, notamment des provocations prévues par les articles 24 et 25, et la loi du 12 décembre 1893 avait laissé subsister cette dérogation. Jusqu'à ce jour, on avait cru voir dans ces faits des délits d'opinion ; mais des hommes indignes de ce nom, profitant des illusions généreuses du législateur et de l'insuffisance de la loi, ont fait de la provocation à tous les crimes par la presse et par la parole un usage si révoltant que la société s'est enfin réveillée. Par la loi du 12 décembre 1893, elle a dit que ces propagateurs criminels, qui avaient jusque-là joui de privilèges exorbitants, seraient désormais traités comme de simples malfaiteurs, et, par celle du 28 juillet 1894, achevant son œuvre de défense, elle a ajouté que ces provocateurs, exploiteurs des passions, des faiblesses et des misères humaines, indignes du jury, seraient simplement amenés sur les bancs de la police correctionnelle.

Quant à la rapidité des poursuites, le sentiment qui a inspiré la réforme de la législation sur ce point n'est pas moins juste. Avant la loi du 12 décembre 1893, c'est-à-dire alors que l'arrestation préventive n'était pas autorisée, les poursuites en Cour d'assises ont donné lieu à de telles péripéties de procédure que les inculpés ont pu abuser scandaleusement d'une longue impunité, que ne saurait occasionner la juridiction correctionnelle. Le prévenu pourra, sans doute, quoique détenu, faire défaut, puis opposition, soulever l'exception d'incompétence, relever appel et enfin se pourvoir en cassation. Mais il est permis de croire qu'il usera modérément de ces droits pour ne pas prolonger vainement sa détention préventive.

Enfin et surtout, ainsi que M. Trarieux, rapporteur de la loi, l'a très justement fait remarquer au Sénat, on obtiendra une répression plus égale, plus homogène, et l'on ne verra plus des individus condamnés ici et acquittés ailleurs pour des délits exactement semblables.

§ 1. — DE LA PROVOCATION AU VOL, AU MEURTRE, AU PILLAGE, A L'INCENDIE, A LA DESTRUCTION A L'AIDE D'ENGINS EXPLOSIFS ET AUX CRIMES CONTRE LA SURETÉ EXTÉRIEURE DE L'ÉTAT.

Le Code pénal déclare complices d'un crime ou d'un délit ceux qui l'ont provoqué par *dons, promesses, menaces, abus d'autorité ou de pouvoir, machinations ou artifices coupables;* mais cette provocation n'est punie qu'autant qu'elle a été suivie d'effet et qu'elle rentre expressément dans l'un des quatre modes ci-dessus.

La loi du 29 juillet 1881, continuant la doctrine de la

loi du 17 mai 1819 et du décret du 18 juillet 1791, a distingué la provocation suivie d'effet de celle qui était restée sans effet, et puni la première des peines du crime lui-même, tandis que la seconde entraîne seulement des peines correctionnelles. La provocation suivie d'effet est visée par l'article 23, et la provocation non suivie d'effet par l'article 24 de la loi sur la presse.

L'article 1er de la loi du 28 juillet 1804 ne touche pas à la provocation suivie d'effet, et vise seulement la provocation restée sans effet ; il n'innove rien quant à ses caractères et ses éléments juridiques et se borne à modifier la juridiction lorsqu'elle se rattache à la propagande anarchiste.

Il s'agit donc uniquement dans l'article 1er de la provocation non suivie d'effet, mais directe et publique.

a) La provocation directe est celle qui s'applique à un crime déterminé. Il faut que le provocateur ait incité une ou plusieurs personnes à commettre un fait criminel précis, et il ne suffit pas d'exhortations vagues, quelque violentes qu'elles soient. C'est ainsi que celui qui se borne à exciter au bouleversement de la société, à la destruction de l'ordre social, ne tombera pas sous le coup de l'article 1er de la nouvelle loi. Il faut qu'il précise ses exhortations et désigne, pour ainsi dire, les victimes de sa haine et de sa méchanceté, qu'il dise par exemple : « Allez assassiner tel ou tel fonctionnaire, piller telle maison, incendier cet édifice ! » Hors de là, la provocation n'est pas caractérisée.

b) Nous n'insisterons pas sur la question de publicité, qui ne soulève plus aujourd'hui que de rares contestations, la jurisprudence ayant accumulé les décisions sur ce point.

Nous rappellerons toutefois que cette publicité doit s'être produite par l'un des moyens énumérés par l'article 23 de la loi du 29 juillet 1881, c'est-à-dire par des *discours, cris* ou *menaces* proférés dans des lieux ou réunions publics, par des *écrits* ou *imprimés* vendus ou distribués, mis en vente ou exposés dans des lieux ou réunions publics, ou enfin par des *placards* ou *affiches* exposés aux regards du public.

Les endroits publics dont parle l'article 23 de la loi du 29 juillet 1881 sont les lieux ouverts au public *par leur nature*, tels que les rues, les places, les routes, les édifices publics, ou *par leur destination*, tels qu'une salle de spectacle, une salle d'audience, etc. etc. (DALLOZ, *Code pénal annoté*, art. 23 et 29.)

Les réunions publiques sont assimilées aux lieux publics lorsque tout le monde a le droit d'y entrer, même sous certaines conditions.

La provocation directe et publique au meurtre, au pillage, à l'incendie, ne donne lieu à aucune explication. Ce délit figurait déjà dans l'ancien article 24 de la loi du 29 juillet 1881 ; mais il n'en est pas de même de la provocation au vol et à la destruction par explosifs qui a été insérée dans l'article 24 par la loi du 12 décembre 1893.

Antérieurement à cette loi, la provocation au vol ou à la destruction « par l'effet d'une mine » ne tombait sous le coup de la loi que suivant les règles de la complicité légale, c'est-à-dire lorsque la provocation rentrait dans l'un des cas prévus par l'article 60 et avait été suivie d'effet.

Le paragraphe 1er de l'article 24 de la loi sur la presse, modifié, vise aussi la provocation à l'un des crimes contre la sûreté *extérieure* de l'État, tandis que le paragraphe 2 s'applique à la provocation aux crimes contre la sûreté *intérieure*. L'ancien article 24 ne séparait pas les crimes contre la sûreté extérieure de ceux contre la sûreté intérieure, et englobait sans distinction tous les crimes contre la sûreté de l'État prévus par les articles 75 et suivants, jusques et y compris l'article 101 du Code pénal. La loi du 12 décembre 1893 a établi cette division et compris les crimes contre la sûreté extérieure dans le paragraphe 1er, tandis qu'elle a affecté le paragraphe 2 aux crimes contre la sûreté intérieure.

La loi du 28 juillet 1894 ne s'applique qu'à la provocation aux crimes contre la sûreté extérieure de l'État, et laisse complètement de côté la provocation aux crimes contre la sûreté intérieure.

Les crimes contre la sûreté extérieure menacent l'existence matérielle non seulement de l'État, mais de la nation elle-même, par ceux qui prennent les armes contre elle ou livrent ses secrets aux puissances étrangères ou à l'ennemi.

Le premier de ces attentats est le *port d'armes* contre la France ; la loi punit ensuite les *machinations, manœuvres* ou *intelligences* avec les puissances étrangères ou les ennemis, la *révélation du secret d'une négociation ou d'une expédition* aux puissances étrangères ou à l'ennemi, la livraison de *plans* de fortifications, arsenaux, ports ou rades, le *recel d'espions* ou soldats ennemis envoyés à la découverte, et enfin les *actes hostiles* et non approuvés exposant l'État à une déclaration de guerre ou des Français à des représailles (art. 75-85 du Code pénal).

Provocation par les cris ou chants. — L'article 1er de la loi du 28 juillet ne s'applique qu'aux provocations publiques commises par l'un des moyens de l'article 23 de la loi sur la presse, c'est-à-dire par les discours, cris, menaces, écrits, imprimés, placards ou affiches. En conséquence, sont seules punissables les provocations publiques commises par l'un de ces modes de perpétration. On voit que les cris figurent dans cette énumération, mais les chansons n'y sont pas mentionnées. Il en résulte que les chants anarchistes publics, contenant des excitations au crime, ne pourront pas former juridiquement le délit de provocation. Ils pourront seulement être réprimés en vertu du paragraphe 4 de l'article 24 de la loi sur la presse, s'ils ont un caractère séditieux ; mais alors ils échapperont à la juridiction correctionnelle, la loi du 28 juillet 1894 ne touchant pas à la compétence pour les délits visés dans ce texte.

Les chansons jouent un rôle assez actif dans la propagande anarchiste. Conçues à dessein dans un esprit et dans un style naïfs, propres à frapper les intelligences faibles et les déshérités, elles célèbrent les bienfaits de l'ère anarchique, la fin des misères et des souffrances, « la paix et l'amour du paradis, » chantent les exploits de Ravachol et de Vaillant et se terminent par un appel à la vengeance comme le refrain de la *Ravacholine*, qui ramène régulièrement ce vers :

« Oui ! Ravachol, nous te vengerons ! »

Ces chansons sont d'abord chantées par un initié, et, comme elles ont le privilège de passer de bouche en bouche avec une extrême facilité, elles se répètent bientôt au foyer et à l'atelier; les jeunes filles et les garçons les chantent en chœur, et, machinalement, l'anarchie est entrée dans ces esprits simples et innocents, bientôt prêts pour le mal.

Quoi qu'il en soit, la loi ne les atteint pas, tout au moins comme provocations publiques, et pour qu'il en fût autrement le législateur aurait été dans l'obligation de modifier l'article 23 de la loi sur la presse en introduisant les chants dans l'énumération des *instruments* de la provocation.

Examinons maintenant ce qu'il faudra décider pour la provocation commise par les cris, comme celui de: « Mort aux bourgeois! » par exemple. Les cris étant reconnus par la loi sur la presse comme mode de perpétration du délit, ce genre de provocation se trouverait incontestablement compris dans les infractions déférées à la police correctionnelle par l'article 1er de la loi du 28 juillet. Mais, vu le peu de gravité du délit, le législateur a voulu faire une exception en sa faveur et il a affirmé énergiquement sa volonté de le maintenir dans la compétence de la Cour d'assises, ainsi que M. Guérin, garde des sceaux, l'a déclaré à la tribune de la Chambre des députés, en ces termes : « M. Maurice Faure me demande si les cris et chants séditieux sont visés par la présente loi. Je lui réponds : Non ! parce que les cris et chants séditieux étaient compris dans le paragraphe 2 de la loi du 29 juillet 1881, et que la loi du 12 décembre 1893, à laquelle nous nous référons, n'a visé et modifié que le paragraphe 1er de l'article 24 de la loi de 1881. Je suis très surpris de l'interruption de M. Millerand. Si les cris ou chants séditieux contiennent

le délit que nous visons aujourd'hui, la provocation
ou l'apologie, de deux choses l'une : ou il sera public,
et alors il sera de la compétence de la Cour d'assises; ou
il sera commis dans un lieu privé et aura le caractère
de propagande anarchiste, et alors il tombera sous le
coup de la loi. »

La commission ayant paru acquiescer par son si
lence à cette interprétation, nous sommes autorisés à
croire que M. le ministre de la justice a exprimé la
pensée de MM. les commissaires et que c'est dans ce
sens et dans cet esprit que la loi a été élaborée et
votée.

En conséquence, et par exception à la règle posée
dans l'article 1er, les provocations anarchistes publiques commises par les cris continueront à être de
la compétence de la Cour d'assises.

*Provocation par les images, dessins, gravures, pein-
tures ou emblèmes.* — La loi de 1881 n'a pas admis ces
modes de provocation, que reconnaissait la législation
antérieure, et a laissé toute liberté à ces manifestations
de la pensée qu'elle jugeait inoffensives.

On ne saurait en dire autant aujourd'hui, où les provocations s'étalent sous toutes les formes, et celles qui
se cachent sous les images ou les dessins ne sont pas
les moins suggestives. Malheureusement, rien n'est
venu modifier la loi sur la presse à cet égard, et l'image
du *Père Peinard* représentant le sort qu'il convient de
faire aux bourgeois ne serait frappée, encore à cette
heure, par aucun texte comme provocation publique. La
loi du 2 août 1882 ayant pour objet la répression des
outrages aux bonnes mœurs, réformant la loi de 1881,
a frappé les dessins, gravures, peintures, emblèmes ou

images obscènes, mais la provocation au crime par ces moyens n'est pas inscrite dans la loi pénale.

Pourquoi ne ferait-on pas pour l'excitation au meurtre, au pillage, à l'incendie ou au vol, ce qu'on a fait pour les images pornographiques? Certes, ces provocations sont aussi claires que celles de la parole ou de la plume et susceptibles de contenir des provocations non moins équivoques, d'autant plus dangereuses qu'elles frappent immédiatement l'esprit, beaucoup mieux parfois que de longs discours. Supposons, par exemple, l'exposition d'un dessin représentant d'un côté les députés, les sénateurs, les préfets, les magistrats, et, de l'autre, une poignée de scélérats les couchant en joue. Nulle provocation ne sera plus éloquente ni plus saisissante; cependant elle échappera à l'article 24 de la loi sur la presse, et nous ne voyons pas en vertu de quel texte elle pourra faire l'objet de poursuites si elle est accompagnée de la publicité.

Il faut en dire autant des emblèmes dont l'exhibition n'est frappée par aucune loi. On entend par emblèmes des signes ou des dessins exprimant allégoriquement une pensée morale ou politique. Le drapeau rouge, le drapeau blanc sont des emblèmes séditieux; le drapeau noir, qui a été quelquefois arboré par les anarchistes, peut être considéré comme un de leurs emblèmes susceptible de servir de signe de ralliement [1]. S'il ne porte aucune inscription et quand même il serait déployé en public. il n'y a pas de délit. Des manifestations de ce genre ne sont cependant pas sans danger et la

---

[1] Un anarchiste poursuivi récemment devant le tribunal du Havre a déclaré que le signe distinctif de l'anarchie est un ruban noir porté à la boutonnière.

police se trouve fréquemment obligée de les empêcher. Pour combler cette lacune pénale, plusieurs préfets ont pris, dans ces derniers temps, des arrêtés prohibant le port et l'exhibition du drapeau rouge et du drapeau noir, et cette mesure a été prise récemment à Paris par M. Lépine, préfet de police, qui l'avait auparavant inaugurée dans le département de la Loire. Mais la violation de ces arrêtés ne peut être réprimée qu'en vertu de l'article 471, § 15, du Code pénal et n'entraîne qu'une amende de 1 à 5 francs.

Il en serait autrement si le drapeau exhibé en public portait des inscriptions contenant une provocation comme celle-ci : « Mort aux bourgeois ! » Ici la provocation aurait lieu non pas par l'emblème, mais par l'écrit, l'imprimé ou le placard, et l'exhibition tomberait sous les termes de la loi.

§ 2. — DE L'APOLOGIE

L'article 1er de la loi du 28 juillet 1894 défère également aux tribunaux correctionnels le délit d'apologie puni par la loi du 12 décembre 1893. La loi de 1881 sur la presse avait aboli ce délit comme constituant une simple manifestation de l'opinion ou de la pensée. On ne soupçonnait pas, à cette époque, qu'une secte infernale viendrait bientôt glorifier l'assassinat, l'incendie, le pillage et faire ses saints et ses héros d'abominables bandits. Aussi ces glorifications, ces exaltations ont pu librement et sans entraves porter la gangrène dans les esprits jusqu'au jour où le législateur a rétabli le délit d'apologie qui fait l'objet, depuis la loi du 12 décembre 1893, du paragraphe 3 du nouvel article 24 de la loi sur la presse, ainsi conçu : « Seront punis de la même peine (de un an à cinq ans d'emprisonnement et de 100 à 3,000 francs d'amende) ceux qui, par l'un des moyens énoncés en l'article 23, auront fait l'apologie des crimes de meurtre, de pillage ou d'incendie, ou du vol, ou de l'un des crimes prévus par l'article 435 du Code pénal. »

L'énumération des crimes et délits dont l'apologie est punie est limitative, et l'on ne saurait voir matière à poursuites dans autre chose que l'apologie : 1° du meurtre ; 2° du pillage ; 3° de l'incendie ; 4° du vol ; 5° de la destruction ou de la tentative de destruction à l'aide d'engins explosifs.

Le délit d'apologie consiste dans la glorification ou même dans la justification théorique de ces crimes ou délits. Nous ne faisons donc pas de différence entre ceux qui érigent en principe le meurtre, le pillage et le vol, et ceux qui prononcent la glorification enflammée des actes de Ravachol, Vaillant, Pallas ou Caserio. Ne sont-ils pas également dangereux, et la justification raisonnée, méthodique, savante, n'aura-t-elle pas plus de prise sur les esprits que de vagues déclamations ?

Enfin, si la justification philosophique ou théorique du crime était permise, rien ne serait plus facile que d'éluder la loi et de continuer, à l'abri de l'impunité, les pires excitations.

Nous sommes en désaccord sur ce point avec M. Dalloz, qui enseigne que, sous l'empire des lois de 1835 et 1849, l'apologie consistait seulement « dans l'appel à la violence et non dans la discussion calme et mesurée ». Ce commentateur cite à l'appui de son opinion le passage suivant du discours de M. de Salvandy sur l'article 8 de la loi de 1835 : « La défense de toute apologie de faits qualifiés crimes ou délits par la loi pénale est puisée dans les écarts fréquents de la presse à cet égard. Ne voit-on pas les journaux établir que la révolte est légitime, que chacun, en outre de mille sophismes, a le droit de se révolter sans cesse; que chacun peut descendre dans la rue les armes à la main, tirer sur la milice, sur l'armée, tirer sur la loi vivante? On établit tous les jours que des actions abominables, que les massacres de septembre, par exemple, sont un digne modèle à imiter... »

« Voilà, ajoute Dalloz, quels étaient les faits qui avaient éveillé la sollicitude de la commission... On voit qu'ils n'offrent aucune analogie avec une discussion juridique ou philosophique sur les modifications que peut réclamer notre loi pénale. » (DALLOZ, *Presse, outrages,* n° 608.)

Nous nous écartons entièrement de cette doctrine. Il convient, d'ailleurs, de remarquer que les lois de 1835 et 1849 punissaient l'apologie de tous les faits qualifiés crimes ou délits, et l'on comprend que les meilleurs esprits aient pu penser que la justification théorique de tel ou tel crime ou délit devait échapper à la répression. La loi du 12 décembre 1893, au contraire, a précisé les faits dont l'apologie est interdite : le meurtre, le pillage, l'incendie, le vol, la destruction à l'aide d'explosifs, et, le délit étant restreint dans ces limites, nous estimons qu'il comprend non seulement la glorification, mais encore toute justification théorique, aussi « calme et mesurée » que possible.

L'apologie peut se produire sous deux formes principales : la première, qui consiste dans la justification du

crime ou du délit lui-même, c'est *l'apologie du crime
ou du délit* ; la seconde, dans la glorification des auteurs
du crime ou du délit, c'est *l'apologie du crime par le
criminel*. « L'apologie, disait M. Dubost, garde des
sceaux, à la tribune de la Chambre des députés, c'est
la glorification de ces prétendus héros de l'anarchie,
donnés en exemples à des esprits faibles et dévoyés
qu'on dirige ainsi plus lentement, mais plus sûrement,
vers le but qu'on se propose, et auquel on ne les aurait
peut-être pas conduits par une provocation trop directe
ou trop violente. » Et M. le garde des sceaux citait les
termes suivants d'une affiche placardée récemment à
Paris : « Il y a quelques semaines, le brave compagnon
Pallas lançait une bombe au plus exécrable des sou-
dards galonnés, le maréchal Martinez-Campos... Martinez-Campos échappa par malheur, mais la dynamite
ne fut pas perdue : les gredins de sa suite furent étripés.
Condamné à être fusillé, Pallas mourut avec un courage extraordinaire ; » telle est l'apologie du crime par
le criminel. Elle consiste à présenter l'auteur d'un
crime comme un héros ou un martyr, à lui adresser
des louanges et à l'offrir comme un modèle à imiter,
en vantant son audace, son courage ou son mépris de
la mort.

Apologie par cris et chants. — Nous ne nous occupons en ce moment que de l'apologie publique prévue
par le paragraphe 3 de l'article 24 de la loi sur la presse
modifiée, c'est-à-dire de l'apologie commise par l'un des
moyens énoncés en l'article 23. Or, nous savons que
les chants n'y figurent pas, et, par suite, ils ne pourront
pas plus contribuer à former le délit d'apologie que
celui de provocation. Ainsi le chant de *la Ravacholine*,

hymne en l'honneur de Ravachol, très répandu dans les centres anarchistes, ne sera pas de la compétence des tribunaux correctionnels.

Toutefois, les chansons anarchistes chantées publiquement ne resteront pas impunies lorsqu'elles auront un caractère séditieux, ce qui arrivera le plus souvent ; dans ce cas, elles seront poursuivies en vertu du paragraphe 4 du même article, n'encourront que la peine légère de six jours à un mois d'emprisonnement et de 16 à 500 francs d'amende ; enfin, elles seront toujours de la compétence de la Cour d'assises, la loi du 28 juillet étant inapplicable aux chants séditieux.

Les cris étant, au contraire, au nombre des modes de provocation de l'article 23 peuvent constituer le délit d'apologie. Tels sont ceux de : « Vive Vaillant ! Vive Ravachol ! » qui contiennent l'apologie du crime par le criminel et rentrent dans les termes du paragraphe 3 de l'article 24. On doit en dire autant du cri de : « Vive l'anarchie ! » qu'il est permis d'assimiler à ceux de « Vive l'assassinat ! » « Vive le pillage ! » et qu'on peut justement qualifier d'apologie des crimes préconisés par la secte.

La loi du 28 juillet déférant à la police correctionnelle les infractions à ce texte, il semble que l'apologie par les cris devrait suivre le sort de l'apologie commise par les autres moyens (discours, menaces, écrits, imprimés ou placards) ; mais il n'en est rien, parce que nous savons que le législateur a eu la volonté formelle de ne rien changer à la législation antérieure sur ce point, ainsi qu'en témoignent les paroles de M. le garde des sceaux à la séance de la Chambre du 24 juillet.

Dans ces conditions, il est manifeste que la loi sur

les menées anarchistes ne vise pas l'apologie publique par les cris et que ce délit reste de la compétence du jury.

Apologie par les images, dessins, gravures, peintures ou emblèmes. — Le délit d'apologie publique ayant été soumis par la loi du 12 décembre 1893 qui l'a institué aux mêmes conditions d'existence que la provocation, il est évident qu'il ne pourra se produire que par les mêmes moyens, c'est-à-dire par ceux énoncés dans l'article 23 de la loi sur la presse, parmi lesquels les images ou emblèmes ne se trouvent pas. Imaginons, par exemple, l'exposition publique d'un dessin représentant le triomphe, l'apothéose de ces monstres de l'humanité, tels que Ravachol, Henry, Vaillant ou Caserio. Qu'on la considère comme une provocation ou comme une apologie, la loi ne l'atteint pas. Sans doute, une autorité vigilante s'empressera de saisir ces images pour les anéantir, et personne ne se lèvera pour l'en blâmer ; mais, outre que cette mesure n'est couverte par aucun texte, et est par conséquent arbitraire, les auteurs et les vendeurs seront à l'abri de toute répression. Cette constatation est affligeante et nous appelons de tous nos vœux la réforme de la législation sur ce point.

Les emblèmes ne pourront donc, pas plus que les images, donner naissance au délit d'apologie. Supposons cependant un drapeau ou un emblème anarchiste exhibé publiquement et portant des inscriptions apologétiques comme celles-ci : « Vive Ravachol ! Vive Vaillant ! » ou bien seulement : « Ravachol, Vaillant, etc. » Nous pensons que la répression serait possible, parce que, dans cette hypothèse, l'apologie aurait lieu, non par l'emblème, mais par l'inscription destinée à signaler ces scélérats à l'admiration du peuple.

§ 3. — EXCITATION DES MILITAIRES A LA DÉSOBÉISSANCE ENVERS LEURS CHEFS

Le délit de provocation à la désobéissance consiste dans tout acte ayant pour but d'affaiblir, chez ceux auxquels il s'adresse, le sentiment du devoir et de l'obéissance aux ordres conformes aux lois, aux règlements militaires et à la Constitution.

La provocation à la désobéissance à des ordres *contraires* aux lois et à la Constitution n'est punie par aucune loi. Cela résulte clairement des termes de l'article 25 de la loi du 29 juillet 1881 et des travaux préparatoires. Primitivement, cet article était ainsi conçu : « Toute provocation par l'un des moyens énoncés en l'article 23, adressée à des militaires des armées de terre ou de mer, dans le but de les détourner de leurs devoirs militaires et de l'obéissance qu'ils doivent à leurs chefs... »

Ce texte fut vivement combattu à la Chambre des députés, et on lui reprocha notamment de consacrer la théorie de l'obéissance passive, absolue, soit que les ordres fussent légaux ou non, constitutionnels ou anticonstitutionnels ; et, pour répondre à ce reproche, la Chambre adopta un amendement de M. Balluc ajoutant au texte primitif les mots suivants : « *dans tout ce qu'ils leur commandent pour l'exécution des lois et règlements militaires.* (BARBIER, *Code expliqué de la presse*, 1, nᵒˢ 312 et 313.)

L'addition au paragraphe 3 de l'article 2 des mots :

« et de la défense de la Constitution républicaine »,
votée sur la demande de M. Montaut, ne s'applique pas
à la provocation publique dont nous nous occupons,
mais seulement à la provocation non publique. Cette
addition n'a, du reste, été faite que pour répondre aux
scrupules et aux craintes qui s'étaient manifestés, et,
tout en l'acceptant, la commission l'a déclarée superflue.

Il est donc certain que la provocation à la désobéissance des militaires visée par les articles 1er de la loi
du 28 juillet, et 25 de la loi sur la presse, est la même
que celle dont il sera question à l'article 2, § 3, quant
à sa nature et à ses éléments juridiques, sauf en ce qui
concerne la publicité.

Ainsi la provocation publique à la désobéissance des
militaires aux ordres qui leur sont donnés comprend
la défense de la loi constitutionnelle, qui est la première
de nos lois, suivant l'expression de M. le garde des
sceaux, aussi bien que la provocation non publique
visée par le paragraphe 3 de l'article 2.

On remarquera qu'à la différence de la provocation
au meurtre, au pillage, à l'incendie, au vol ou à la destruction par engins explosifs il est inutile que la provocation des militaires à la désobéissance soit directe.
« *Toute provocation*, » dit l'article 25 de la loi du
29 juillet 1881. La loi n'exige donc pas qu'elle ait pour
but d'exciter les militaires à la désobéissance sur un
fait spécial et déterminé ; il suffit qu'elle ait pour objet
de les détourner de leurs devoirs et de l'obéissance
qu'ils doivent à leurs chefs. Elle sera rendue publique
par les moyens énumérés à l'article 23 de la loi du
29 juillet 1881, c'est-à-dire par les discours, cris ou
menaces proférés dans des lieux ou réunions publics,

les écrits ou imprimés vendus ou distribués, mis en vente ou exposés dans des lieux ou réunions publics, les placards ou affiches exposés aux regards du public.

Le délit de provocation publique à la désobéissance ne saurait être commis à l'aide de dessins, gravures, peintures ou emblèmes, ces modes de perpétration ayant été supprimés par la loi sur la presse, ainsi que nous l'avons déjà dit.

En ce qui concerne l'excitation à l'indiscipline par les *cris* ou *chants*, nous ne pouvons qu'appliquer les principes que nous avons déjà posés pour la provocation au crime et pour l'apologie. Ce délit pourra résulter des cris proférés en public ; mais nous avons montré que le législateur a manifesté son intention formelle de laisser en dehors de la loi du 28 juillet les délits commis par ce moyen. La provocation publique des militaires à la désobéissance par les cris échappe donc à la police correctionnelle et continue à être du ressort de la Cour d'assises.

Quant aux chants, ils ne pourront pas plus constituer ce délit que celui de provocation au crime ou d'apologie. Ils pourront, si les termes de la chanson le permettent, être traités comme chants séditieux et réprimés par le paragraphe 4 de l'article 24 de la loi sur la presse ; mais nous savons que la peine qu'ils encourront est dérisoire, et que c'est le jury qui devra en connaître.

L'excitation publique des militaires à l'indiscipline, ayant un caractère anarchiste, relèvera donc de la police correctionnelle toutes les fois qu'elle aura été commise par l'un des moyens énoncés dans l'article 23 de la loi sur la presse.

CHAPITRE II

CARACTÈRES ANARCHISTES DE LA PROVOCATION ET DE L'APOLOGIE

Aux termes de la disposition finale de l'article 1ᵉʳ de la loi du 28 juillet 1894, les provocations au crime ou à la désobéissance des militaires et l'apologie publiques ne pourront être attribuées à la police correctionnelle qu'autant que « ces infractions auront pour but un acte de propagande anarchiste ».

Cette disposition a été ajoutée sur la demande de M. Léon Bourgeois, ancien garde des sceaux, et nous ne saurions mieux faire, pour l'expliquer, que de reproduire les propres paroles de cet orateur et du rapporteur de la commission : « Le Gouvernement et la commission, disait M. Bourgeois, ont accepté sur l'article 2 un amendement de M. Huguet, qui détermine très exactement le caractère d'acte de propagande anarchiste qui doit être constaté par le tribunal pour que l'ensemble des pénalités prévues par le projet de loi soit applicable. Rien de mieux ; le caractère précis et déterminé de la loi, en ce qui touche l'article 2, est ainsi fixé. Je demande — et tout à l'heure je soumettrai à M. le garde des sceaux cette observation — si ce n'est pas par une simple omission que, dans l'article 1ᵉʳ, la même détermination n'est pas faite. La pensée de la

Chambre, du Gouvernement, de la commission, en un mot, la pensée de tous ceux qui ont concouru à la préparation de cette loi et de tous ceux qui s'associent à son vote est incontestablement de limiter aux actes anarchistes l'effet et la portée de la loi. Si cela est vrai pour l'article 2, c'est-à-dire pour la propagande non publique, il me semble que c'est encore plus vrai pour l'ensemble des infractions prévues à l'article 1ᵉʳ. Je crois donc que, pour donner à la loi le caractère d'unité et de cohérence qui est nécessaire, et en même temps pour lui donner la portée politique qui est dans notre pensée à tous, il faut ajouter à la fin de l'article 1ᵉʳ les mêmes mots acceptés par le Gouvernement et la commission à la fin de l'article 2 : « lorsque ces actes ont pour but la propagande anarchiste. »

M. le rapporteur répondit : « Messieurs, l'honorable M. Bourgeois, et je l'en remercie, a parfaitement compris que nous avions entendu, en soumettant à vos votes le texte de la loi actuellement en discussion devant la Chambre, viser uniquement et exclusivement les menées anarchistes. La commission accepte donc très volontiers la disposition additionnelle à l'article 1ᵉʳ présentée par l'honorable M. Bourgeois. Cette disposition ne touche en rien à la loi. Elle précise encore davantage le caractère que le Gouvernement aussi bien que la commission ont toujours entendu lui donner. »

Il est donc bien entendu que les tribunaux correctionnels ne pourront être saisis des délits de provocation et d'apologie que dans le cas où ces faits constitueront ou auront pour but un acte de propagande anarchiste, ou, en d'autres termes, auront un caractère anarchiste.

Nous ne croyons pas qu'il y ait lieu de se plaindre de cette addition. Elle donnera lieu, sans doute, à de vifs débats sur le point de savoir si les faits incriminés ont ou non un caractère anarchiste, et l'exception d'incompétence sera fréquemment soulevée. Mais la situation n'aurait-elle pas été la même si l'amendement de M. Bourgeois n'eût pas été adopté? Absolument. Il est, en effet, certain que la loi que nous examinons est exclusivement dirigée contre les menées anarchistes; son titre le dit expressément. Par suite, tous ceux qui auraient été cités en police correctionnelle en vertu de l'article 1er n'auraient pas manqué de protester contre la qualification d'anarchistes, et de demander leur renvoi devant la Cour d'assises. L'unique but de la loi est d'enrayer le mouvement anarchiste; telle est sa volonté. Or, on a traduit son esprit par la lettre même, et, loin de le regretter, nous nous en féliciterons, car, si la restriction apportée au texte par l'amendement de M. Bourgeois est la garantie de ceux qu'il ne vise pas, elle sera aussi la règle des magistrats chargés de l'appliquer.

Les juges auront sur ce point un pouvoir d'appréciation. Ils s'entoureront de tous renseignements sur les inculpés, leurs antécédents, leur genre de vie et leurs fréquentations. Afin de faciliter cette œuvre, les juges d'instruction dirigeront leurs recherches de ce côté en vue de dégager la véritable personnalité des inculpés. Il ne suffira pas qu'ils établissent les faits incriminés, et il sera non moins important de mettre en évidence leurs caractères au point de vue anarchiste. A cet effet, ils interrogeront les habitudes des inculpés, leurs relations, leurs lectures, non seulement par des rapports de police qui seront cependant nécessaires, mais en recueillant eux-mêmes des renseignements de la bouche de personnes dignes de foi, afin que le parquet puisse se prononcer en toute connaissance de cause sur la juridiction qu'il conviendra d'adopter, et le tribunal, après lui, sur sa compétence.

Les magistrats se décideront surtout en se demandant ce qu'est l'anarchie. Elle forme une secte qui, sous prétexte de poursuivre le changement de l'état social, professe et pratique l'assassinat, le pillage, le vol et la destruction. Elle se divise en propagandistes par les idées et propagandistes par les actes, les uns étant la tête qui dirige et incite, les autres la main qui obéit et l'instrument qui frappe.

Elle n'est ni une doctrine ni un parti, pas plus que les bandes de voleurs et d'assassins des grands chemins, mais le libre exercice de la volonté individuelle jusque dans ses aberrations et ses monstruosités. Son mot d'ordre est celui-ci : « Plus de propriété, plus de capital, plus de patrie ! Mort à ceux qui gouvernent, à ceux qui possèdent et à toute autorité ! »

Il nous semble qu'il ne sera pas difficile de s'y reconnaître et qu'aucun parti politique ne peut craindre d'être confondu avec ces barbares répandant la mort pour la mort, la destruction pour la destruction, comme des insensés en proie à une folie prodigieuse du mal.

Les prétendus philosophes et penseurs, les littérateurs raffinés dont les excitations sont enveloppées en des théories savantes et des phrases finement ciselées, n'échappent pas à notre définition, et c'est à la police correctionnelle qu'ils auront à rendre compte de leurs coupables provocations.

ARTICLE 2

« § 1. — Sera déféré aux tribunaux de police correctionnelle et puni d'un emprisonnement de trois mois à deux ans et d'une amende de 100 à 2,000 francs tout individu qui, en dehors des cas visés par l'article précédent, sera convaincu d'avoir, dans un but de propagande anarchiste :

§ 2. — 1° Soit par provocation, soit par apologie des faits spécifiés auxdits articles, incité une ou plusieurs personnes à commettre soit un vol, soit les crimes de meurtre, de pillage, d'incendie, soit les crimes punis par l'article 435 du Code pénal ;

§ 3. — 2° Ou adressé une provocation à des militaires des armées de terre ou de mer, dans le but de les détourner de leurs devoirs militaires et de l'obéissance qu'ils doivent à leurs chefs dans ce qu'ils leur commandent pour l'exécution des lois et règlements militaires et la défense de la Constitution républicaine.

§ 4. — Les pénalités prévues au paragraphe 1er seront appliquées même dans le cas où la provocation adressée à des militaires des armées de terre ou de mer n'aurait pas le caractère d'un acte de propagande anarchiste; mais, dans ce cas, la pénalité accessoire de la relégation édictée par l'article 3 de la présente loi ne pourra être prononcée.

§ 5. — La condamnation ne pourra être prononcée sur l'unique déclaration d'une personne affirmant avoir été l'objet des incitations ci-dessus spécifiées, si cette déclaration n'est pas corroboré par un ensemble de charges démontrant la culpabilité et expressément visées dans le jugement de condamnation. »

Dans le projet du Gouvernement, cet article était conçu différemment. Il portait que : « Tout individu qui serait convaincu d'avoir, par des moyens quelconques, fait acte de propagande anarchiste, en préconisant des attentats contre les personnes ou les propriétés, serait condamné... »

Ce texte fut vivement attaqué dans la presse comme étant trop élastique, trop vague, soit dans l'indication des moyens de la propagande, soit dans la définition de son but, et la commission s'associa à ce sentiment. « Cette rédaction, dit M. Lasserre dans son rapport, ne nous a pas paru suffisamment claire et précise. En matière pénale, et principalement quand il s'agit de la liberté individuelle, on ne saurait se montrer trop soucieux de bien définir et caractériser les délits. » La commission voulut donc préciser aussi exactement que possible quels seraient les éléments du délit de propagande anarchiste et proposa la rédaction suivante : « Sera également déféré aux tribunaux de police correctionnelle et puni d'un emprisonnement de trois mois à deux ans et d'une amende de 100 à 2,000 francs tout individu qui, en dehors des cas visés par l'article précédent, sera convaincu d'avoir, soit par provocation, soit par apologie des faits spécifiés auxdits articles, incité une ou plusieurs personnes à commettre soit les crimes de meurtre, de pillage, d'incendie, et les crimes punis par l'article 43 du Code pénal, soit un vol, et aura ainsi fait acte de propagande anarchiste. »

Cet article fut encore modifié par la commission avant la discussion à la Chambre et remplacé par un autre, composé de quatre paragraphes : le premier portant la pénalité, le second contenant la définition du délit de propagande, le troisième comprenant dans la propagande l'excitation anarchiste des militaires à la désobéissance, et le quatrième exigeant que la déclaration d'un témoin unique fût appuyée par un ensemble de charges.

Dans le cours de la discussion, il subit encore de nouvelles modifications. Sur un amendement de M. Montaut, la défense de la Constitution républicaine fut ajoutée, dans le paragraphe 3, à l'énumération des lois pour l'exécution desquelles les militaires doivent obéissance à leurs chefs. Enfin, M. Pourquery de Boisserin fit adopter une disposition qui forme aujourd'hui le paragraphe 4, et punit la provocation non publique des militaires à la désobéissance même lorsqu'elle n'a pas un caractère anarchiste.

CHAPITRE I

DE LA PROPAGANDE ANARCHISTE

§ 1. — DE LA PROPAGANDE ANARCHISTE PAR PROVOCATION ET APOLOGIE NON PUBLIQUES

Avant la loi du 28 juillet, la provocation et l'apologie publiques étaient seules punies et elles ne devenaient délictueuses qu'autant qu'elles avaient eu lieu par l'un des moyens limitativement énoncés dans l'article 23 de la loi sur la presse. Dès lors, combien de faits de provocation échappaient à la répression et, grâce à l'impunité dont ils jouissaient, pouvaient se répéter et se multiplier à l'envi !

A côté de la grande propagande que font publiquement les orateurs et les conférenciers de la secte, il y en a une autre moins bruyante, plus modeste, clandestine, non moins active, pratiquée par les compagnons eux-mêmes dans les conciliabules, dans ces « soirées familiales », comme ils les nomment, à l'atelier, à la porte des casernes, dans ces longues conversations par lesquelles l'ouvrier trompe l'ennui du chômage, dont l'anarchiste sait si bien tirer parti pour infiltrer ses idées dans l'esprit de ceux qui souffrent. Celle-là, quoique plus perfide et plus sûre, parce qu'elle permet d'endoctriner un homme à fond, était à l'abri de toute disposition pénale et pouvait s'exercer en toute liberté. Aussi le législateur a voulu atteindre un certain nombre de moyens de prosélytisme jusque-là impunis : la provocation et l'apologie non publiques.

La propagande anarchiste consiste dans l'incitation non publique, adressée à une ou plusieurs personnes, au vol, au meurtre, au pillage, à l'incendie, à la destruction par explosifs, ou à la désobéissance des militaires envers leurs chefs, par le moyen soit de la provocation à ces crimes et délits, soit de l'apologie des faits visés aux articles 24, § 1 et 3, et 25 de la loi sur la presse.

La propagande anarchiste est donc un mode nouveau de provocation à des crimes ou délits déterminés et limitativement désignés par l'article 2. Contrairement à la provocation déjà réprimée par la loi, l'incitation s'accomplira sans publicité, secrètement, dans un lieu privé, et elle aura lieu par deux moyens : le premier, le plus naturel, le plus ordinaire, qui est la provocation proprement dite, et le second, moins direct, moins brutal et moins précis, qui est l'apologie des faits visés aux articles 24, § 1 et 3, et 25 de la loi sur la presse. En un mot, « il ne s'agit, a dit M. le garde des sceaux, à la tribune de la Chambre, que de provocations nettes, définies, à commettre les faits visés dans l'article 2 ». (Séance du 23 juillet.)

C'est l'incitation qui fait le délit, et l'apologie serait, à elle seule, insuffisante pour motiver des poursuites, si elle ne contenait pas une provocation, ou, tout au moins, si elle n'avait pas été faite dans un but de provocation. Il n'est pas nécessaire, sans doute, que l'apologie ait été accompagnée d'une incitation formelle, directe ou indirecte ; mais il est indispensable que la glorification du crime ou du criminel ait été faite dans l'intention de provoquer au crime. C'est ce qui a été expliqué, à plusieurs reprises, par M. Flandin, membre de la commission, dans la séance de la Chambre du 21 juillet dernier[1].

Remarquons cependant que les crimes et délits dont

[1] Il faut, de plus, que l'incitation se produise soit par voie de provocation, soit par voie d'apologie. Et l'apologie, remarquez-le bien, n'est pas suffisante, à elle seule, pour légitimer les poursuites. Il faut non seulement qu'il y ait eu apologie des faits qualifiés crimes par la loi, il faut encore que cette apologie ait été produite dans le but d'inciter aux crimes énumérés dans l'article 2.

Ainsi, il n'y aura acte de propagande anarchiste légalement punissable que si cette propagande a été faite dans un but d'incitation, soit par provocation, soit par apologie, à des faits qualifiés crimes et rentrant dans les catégories que je viens de spécifier. (*Discours de M. Flandin.*)

l'apologie est un moyen d'incitation ne sont pas tout à fait les mêmes que ceux qui doivent faire l'objet de l'incitation. Quelle est, en effet, l'apologie que la loi reconnaît comme instrument de propagande ou d'incitation ? C'est, dit le paragraphe 2 de l'article 2, « l'apologie des faits spécifiés audit article » (1er de la loi). Or, cet article, qui renvoie aux articles 24, § 1 et 3, et 25 de la loi sur la presse, vise non seulement le vol, le meurtre, le pillage, l'incendie, la destruction par explosion et la désobéissance des militaires, mais encore les crimes et délits contre la sûreté extérieure de l'État.

Au contraire, ces dernières infractions ne figurent pas dans l'énumération des faits qui doivent être le but de l'incitation pour constituer le délit de propagande anarchiste. Il faut en conclure que l'apologie des crimes contre la sûreté extérieure de l'État est un moyen de propagande anarchiste, comme l'apologie du meurtre ou de l'incendie, mais à la condition qu'elle renferme ou ait pour but, non pas une incitation à commettre l'un des crimes ou délits contre la sûreté extérieure de l'État, mais seulement l'un des faits limitativement désignés par l'article 2, c'est-à-dire le meurtre, l'incendie, le pillage, le vol, la destruction à l'aide d'explosifs ou la désobéissance des militaires.

La propagande anarchiste n'est pas un délit d'habitude et peut résulter d'une incitation unique adressée à une ou plusieurs personnes. « Ce que nous entendons, disait le rapporteur de la loi, M. Lasserre, c'est punir la provocation ou l'apologie lorsque cette provocation ou cette apologie n'est pas publique. Nous entendons la punir dans les mêmes conditions qu'à l'article 1er, c'est-à-dire qu'il suffit, dans notre pensée, d'une seule provocation, d'une seule apologie, pour tomber sous le coup de la loi... Nous pensons, quant à nous, que, si vous acceptiez l'interprétation de M. de Ramel, si vous exigiez, pour qu'on puisse poursuivre en vertu de l'article 2, qu'il y eût des provocations réitérées, vous auriez, par là même, détruit l'article 2, parce que vous en rendriez l'application très difficile. »

Mais quoi ! il suffira d'une simple conversation, d'une confidence, d'un propos tenu dans l'intimité du foyer pour tomber sous le coup de la loi ! Oui, s'ils ont eu pour but l'incitation au meurtre, au pillage, à l'incendie, au vol, à la destruction ou à l'indiscipline des militaires, c'est-à-dire si le coupable a eu l'intention de pousser son interlocuteur à commettre l'un de ces crimes. Mais imaginons qu'une personne, sous l'empire de la colère, ait prononcé en présence d'un témoin l'apologie d'un crime ou l'éloge d'un criminel ; tombera-t-elle sous le coup de la loi ? Pas le moins du monde, s'il n'est pas établi qu'elle a eu la volonté d'inciter au crime. Il en sera de même de l'homme ivre qui, après un repas copieux, aura, dans l'intimité, tenu des propos apologétiques du crime : à moins toutefois qu'il ne les ait accompagnés d'incitations formelles, auquel cas l'ivresse ne serait pas une excuse du délit ; mais, s'il s'est borné à faire l'apologie du crime sans proférer d'incitation, il est impossible de trouver, dans l'espèce, cette intention de provoquer, d'inciter au crime, qui est absolument indispensable pour constituer le délit. C'est dans ce sens que s'exprimait M. Trarieux, dans son rapport au Sénat, en disant : « On s'est inquiété du point de savoir s'il serait possible qu'un simple mot, une simple appréciation proférés dans des conversations particulières pussent, en dehors de toute provocation formelle au crime, faire l'objet de poursuites; nous avons expressément invité le Gouvernement à s'expliquer avec nous sur ce point, et il nous a autorisés à déclarer qu'il n'y avait de punissables pour les propos non publics d'apologie que ceux qui renfermeraient une excitation manifeste à commettre les actes criminels auxquels ils se seraient appliqués, ce que le texte de l'article 2 attentivement consulté indique, du reste, d'une manière suffisante. »

Quant aux moyens par lesquels la provocation et l'apologie pourront se produire, l'article 2 de la loi les indique d'une façon non équivoque par ces mots : « en dehors des cas visés par l'article précédent. » Or, l'article 1er s'applique à la provocation et à l'apologie commises publiquement par l'un des moyens énumérés dans l'article 23 de la loi sur la presse, c'est-à-dire par les discours, cris ou menaces, écrits ou imprimés, placards ou affiches.

En conséquence, la provocation et l'apologie non publiques, ou la propagande anarchiste, pourront se produire par tous les moyens autres que ceux qui sont énumérés à l'article 23 de la loi de 1881. En d'autres termes, la provocation et l'apologie non publiques tomberont sous le coup de la loi et constitueront le délit de propagande anarchiste, quels que soient les moyens par lesquels elles auront été perpétrées. « Dans l'article 2, a dit le rapporteur de la loi, M. Lasserre, nous visons tous autres moyens de propagande anarchiste qui ne se trouvent pas compris dans les articles 24 et 25. Que voulons-nous atteindre par cet article 2 ? Nous voulons atteindre la propagande anarchiste, sous quelque forme qu'elle se manifeste. Nous voulons créer le délit d'anarchisme. »

Aucune forme, aucun mode, aucune variété du délit n'échappe à l'article 2: les conciliabules privés, les réunions familiales, les simples conversations, soit dans le domicile, soit au dehors, les correspondances par lettres missives ou autrement, les images, dessins, gravures, peintures ou emblèmes, les cris et les chants, voire même les gestes, pourront engendrer le délit de propagande anarchiste.

Nous préférons cette dernière dénomination à celle d'anarchisme formulée par M. le rapporteur de la loi. C'est bien en effet un acte de propagande que punit l'article 2; il suppose une action, un fait de l'homme, tandis que le mot d'anarchisme s'applique plutôt à un état. Le délit d'anarchisme serait donc celui qui consisterait dans le seul fait d'être anarchiste, et tel n'est pas celui qui a été institué par la loi du 28 juillet. Elle exige qu'une provocation ou une apologie soient commises dans un but de propagande anarchiste, mais le fait seul d'être anarchiste demeure à l'abri de toutes poursuites. Nous savons, d'ailleurs, que les auteurs de la loi se sont défendus, à plusieurs reprises, d'avoir voulu créer un délit d'opinion. Nous faisons des vœux pour qu'on ne soit pas obligé d'en venir là contre la secte qui menace si gravement la vie des personnes et leurs biens; mais il est évident que, si elle ne désarmait pas et poursuivait l'exécution de son programme sanguinaire, il n'y aurait plus à hésiter, et tout individu convaincu d'anarchisme devrait être relégué à perpétuité. Contre eux l'emprisonnement ne serait qu'un leurre, car ils y emploieraient leur temps à se réconforter dans leurs idées, dans leur haine contre la société et leurs semblables, afin d'être mieux préparés au crime pour le jour de leur libération. Nous l'avouons sans ambages, le remède radical contre l'anarchie sera de saisir l'opinion sans attendre les actes, et de la réprimer au moyen de la relégation obligatoire pour les tribunaux. Pourquoi reculer ? Que sont les hommes qui pensent qu'on peut et qu'on doit assassiner, piller, incendier, pour changer la société ? Ce sont des bêtes féroces déchaînées, contre lesquelles il faut se défendre en en purgeant le territoire de la patrie. Faudrait-il s'incliner devant une opinion consistant dans l'affirmation de la légitimité du meurtre, du pillage, de l'incendie, du vol et de l'insurrection des militaires ? C'est une opinion qui ne vaut pas plus que les redoutables divagations des fous qu'on enferme sans qu'ils aient commis aucun délit. On reléguera donc les anarchistes en vertu du même droit qui permet d'interner les aliénés.

a) De la propagande par les images, dessins, gravures ou peintures. — Sous l'article 1er nous avons imaginé l'hypothèse d'un dessin représentant l'apothéose des criminels anarchistes, et nous avons dit que son exposition ou sa mise en vente publiques seraient à l'abri des poursuites ; mais il en sera autrement si l'exposition, la vente, la distribution ou l'affichage ont eu lieu dans un endroit non public. M. Charpentier, député de la Loire, est allé jusqu'à dire à la Chambre que la communication faite à une personne, dans un domicile privé, d'un tableau, d'un dessin ou d'un emblème symbolisant la conception anarchique pourrait être considérée, dans le système de la loi, comme un acte de propagande anarchiste. Nous n'allons pas aussi loin que M. Charpentier qui, combattant le projet de loi, s'appliquait à en exagérer les conséquences, et nous pensons que la simple communication qu'il supposait ne suffirait pas pour motiver une condamnation en vertu de l'article 2.

Il faut s'en tenir aux termes de la loi ainsi qu'à la pensée maîtresse qui y préside, et décider qu'une communication de ce genre faite dans l'intimité du foyer, soit à une, soit à plusieurs personnes, ne saurait être délictueuse, à moins qu'elle n'ait été accompagnée de provocations au meurtre, au pillage, à l'incendie, au vol, à la destruction, à l'indiscipline, ou de l'apologie de ces crimes.

Allons un peu plus loin et examinons certains cas plus délicats. Les anarchistes ont fait des portraits de Ravachol entourés de lauriers et d'inscriptions apologétiques. La seule détention de ces portraits ne saurait être punissable, parce qu'il serait impossible d'y voir les éléments de la provocation ou de l'apologie. Mais supposons un individu qui colporte ces portraits, les donne ou les vend clandestinement. Ne se livre-t-il pas à une véritable incitation en présentant ces malfaiteurs sous les apparences d'un martyr et d'un héros ?

Les anarchistes zélés ne manquent pas de se pourvoir d'une déclaration de colportage afin de pouvoir répandre librement les journaux de la secte. Cette formalité exempterait-elle de poursuites celui qui colporterait, vendrait ou donnerait, sous le manteau, des dessins apologétiques ? Non, l'article 22 de la loi sur la presse édictant que les colporteurs et les distributeurs pourront être poursuivis conformément au droit comman, s'ils ont sciemment colporté ou distribué des livres, écrits, journaux, dessins, gravures, lithographies et photographies présentant un caractère délictueux.

Que faudra-t-il décider pour les imprimeurs, graveurs ou photographes qui auront reproduit ces dessins, gravures ou photographies ? L'imprimeur pourrait invoquer l'article 23 de la loi sur la presse, aux termes duquel il ne peut pas être poursuivi comme complice pour seuls faits d'impression ; mais nous ne sommes pas ici en matière de presse ; il s'agit, au contraire, d'un délit qui a été rejeté de la législation sur les publications, et auquel le bénéfice de l'article 43 ne peut pas être appliqué. Sa responsabilité pourrait donc être engagée, comme celle du graveur ou du photographe, par la reproduction d'images apologétiques de l'anarchie.

En sera-t-il de même pour la simple reproduction des traits des criminels anarchistes ? La vulgarisation des portraits de ces condamnés n'est pas sans danger ; elle a pour effet de rendre populaires non seulement les noms et les figures de ces scélérats, mais encore leurs crimes, et, lorsqu'on connaît l'orgueil et l'avidité de réclame des compagnons, il n'est pas impossible que l'immense publicité du portrait trouble quelque cerveau jusqu'à lui faire concevoir la pensée de conquérir une aussi triste célébrité. L'exposition des dessins et gravures obscènes est prohibée parce qu'elle est de nature à égarer les imaginations et à les pousser à la débauche. L'exposition des portraits de Ravachol, Vaillant, Caserio et de leurs émules, n'est-elle pas susceptible d'occasionner des suggestions autrement redoutables ?

Cependant nous savons que ces exhibitions publiques

ne sont pas punies, et il en sera de même de l'exposition privée ainsi que de la simple détention et de la fabrication, parce qu'aucun de ces faits n'implique l'idée d'incitation. Mais que faudrait-il décider pour les colporteurs ou les distributeurs clandestins ? Nous pensons qu'ils pourraient être atteints par la loi s'ils avaient agi dans un but de propagande, c'est-à-dire s'il était démontré qu'ils avaient la volonté d'inciter à l'admiration et à l'imitation des criminels anarchistes.

b) De la propagande par les emblèmes. — Le port ou l'exhibition publics d'emblèmes anarchistes ne sont pas punis par notre législation, à moins qu'ils ne soient interdits par arrêtés administratifs. Il en sera différemment lorsque ces faits se seront produits en dehors du public, et qu'ils auront pour but une incitation au crime : dans ce cas, ils constitueront le délit de propagande anarchiste et tomberont sous l'application de l'article 2.

c) De la propagande par les cris et chants. — Ainsi qu'on l'a vu, les chansons et les cris anarchistes publics restent de la compétence de la Cour d'assises ; mais, si les chants et les cris se sont produits sans publicité, ils pourront être réprimés par l'article 2. Ainsi le cri de: « Mort aux bourgeois ! » proféré dans un endroit privé, ou le chant de *la Ravacholine* et de toutes autres chansons anarchistes, dans un lieu semblable, seront exposés aux peines de l'article 2, s'ils ont le caractère de propagande anarchiste.

d) De la propagande par les gestes. — S'il est difficile de concevoir une apologie faite par le moyen des gestes, il n'en est pas de même de la provocation. Il n'est pas chimérique d'imaginer un compagnon, dans une réunion privée, parlant du Gouvernement, de l'autorité, de la bourgeoisie, et montrant par un signe, par un geste, qu'il faut s'en débarrasser en leur tirant dessus ou les guillotinant. Il ne viendra à l'esprit de personne qu'un tel fait puisse échapper à la répression, car il exprime la provocation la moins équivoque et la plus saisissante. Nous pensons donc que cet acte, commis en dehors de toute publicité, ne saurait échapper à la loi.

§ 2. — DE LA PROPAGANDE PAR LA PROVOCATION ANARCHISTE OU NON ANARCHISTE DES MILITAIRES A LA DÉSOBÉISSANCE

Dans le projet de loi élaboré par la commission, le paragraphe 3 de l'article 2 était la reproduction intégrale de l'article 25 de la loi du 29 juillet 1881. Dans le cours des débats, ce paragraphe fut complété sur la proposition de M. Montaut, député de Seine-et-Marne, par la disposition finale relative à la défense de la Constitution républicaine. Rappelons-en les termes :

« § 3. Ou d'avoir adressé une provocation à des militaires des armées de terre ou de mer, dans le but de les détourner de leurs devoirs militaires et de l'obéissance qu'ils doivent à leurs chefs dans ce qu'ils leur commandent pour l'exécution des lois et règlements militaires et la défense de la Constitution républicaine. »

Après l'adoption de l'amendement de M. Montaut, M. Pourquery de Boisserin, député d'Avignon, en proposa un autre, tendant à punir la provocation à la désobéissance des militaires, même dans le cas où elle n'aurait pas le caractère anarchiste. Cette disposition fut votée après de longs débats et forma le paragraphe 4, qui est conçu de la manière suivante :

« § 4. Les pénalités prévues au paragraphe premier seront appliquées même dans le cas où la provocation adressée à des militaires des armées de terre ou de mer n'aurait pas le caractère d'un acte de propagande anarchiste ; mais, dans ce cas, la pénalité accessoire de la relégation édictée par l'article 3 de la présente loi ne pourra être prononcée. »

On se souvient que l'article 1er de la loi du 28 juillet 1894 a déjà visé l'excitation publique des militaires à la désobéissance. L'excitation privée, intime, clandestine, ne pouvait pas plus demeurer impunie que la provocation et l'apologie, et le but des paragraphes 3 et 4 de l'article 2 a été précisément de combler cette lacune.

a) De la provocation non publique et anarchiste des militaires à la désobéissance. — Sauf la publicité, les éléments constitutifs du délit de provocation non publique à la désobéissance sont les mêmes que ceux de la provocation publique. A la vérité, l'adoption de l'amendement de M. Montaut a eu pour effet de faire ajouter la loi constitutionnelle de la République à l'énumération des lois et règlements pour l'exécution desquels l'armée doit l'obéissance ; mais, si cette loi n'était pas nominativement désignée dans le texte, elle était incontestablement comprise dans les mots « lois et règlements » qui y figuraient déjà.

La seule provocation visée par notre paragraphe est donc celle qui a pour but d'exciter les militaires à désobéir à leurs chefs dans ce qu'ils leur commandent pour l'exécution des lois et de la Constitution. L'excitation à la désobéissance aux commandements contraires à la loi et à la Constitution n'est pas un délit, et l'amendement de M. Montaut n'a rien innové sur ce point.

Prenons l'hypothèse dans laquelle se plaçait M. Jaurès, député du Tarn, dans la séance de la Chambre du 22 juillet : « Profitant, disait-il, de je ne sais quel concours de circonstances, un général ambitieux groupe autour de lui des sympathies, une clientèle, des forces administratives et militaires ; on sent qu'il essayera demain, après-demain, de porter par un coup de surprise la main sur le pouvoir, et il se trouve des républicains clairvoyants, des journalistes, des orateurs, qui avertissent l'armée du crime qu'on va essayer peut-être de lui faire commettre et qui disent aux soldats : Prenez garde ! si vos chefs essayent de vous entraîner dans le complot qui se prépare, soulevez-vous, révoltez-vous ! Si on essaye d'abuser contre la liberté, c'est-à-dire contre la Patrie, d'une obéissance que vous ne devez qu'à la loi républicaine, refusez votre consentement !

« Et ces hommes qui rempliront, en parlant ainsi, un devoir républicain, le devoir civique que leur a imposé la Chambre en adoptant l'amendement de M. Montaut, à qui allez-vous renvoyer le jugement de leurs paroles ? Peut-être à quelques-uns de ces juges qui, escomptant le succès possible du général de demain, essayeront d'étouffer avant l'heure tous les légitimes appels à la résistance contre la violation de la Constitution. »

Eh bien ! l'hypothèse imaginée par M. Jaurès ne tomberait sous le coup d'aucune loi, pas plus de la loi du

28 juillet 1894 que de toute autre, et c'est précisément là
une des précieuses conquêtes de la loi sur la presse
de 1881, sur laquelle nous ne pensons pas qu'on ait voulu
revenir. Avant cette dernière loi, le discours imaginé
par M. Jaurès aurait pu motiver des poursuites en vertu
de l'article 2 de la loi de 1829 qui punissait toutes atteintes à l'obéissance due aux chefs, consacrant, ainsi
que nous l'avons dit, la théorie de l'obéissance passive,
mais c'est précisément pour parer à ce danger que la
Chambre ajouta à l'ancien texte la restriction proposée
par M. Ballue. (Voyez *suprà* page 26.) L'amendement
de M. Montaut a pu compléter l'énumération des lois
auxquelles les soldats doivent obéissance, en y inscri-
vant nominativement la Constitution qui y était déjà
implicitement comprise ; mais il n'a pas fait un délit de
l'excitation des militaires à la désobéissance aux ordres
d'insurrection contre la loi et la Constitution.

La provocation non publique dont nous nous occupons
est celle qui a pour but la propagande anarchiste ou a
le caractère d'anarchisme. Ce genre d'excitation a été
fortement tracé à la tribune du Sénat par M. Bérenger
et par M. le garde des sceaux. Il s'agit de cet embauchage qui se fait dans les cabarets, à la porte des
casernes, où l'anarchiste inculque ses dangereuses
idées dans l'esprit du soldat, efface à ses yeux le sentiment du devoir et du dévouement à la Patrie et l'excite
à l'indiscipline.

La provocation anarchiste, non publique, des militaires à la désobéissance est déférée à la police correctionnelle et punie de trois mois à deux ans d'emprisonnement et de 100 francs à 2,000 francs d'amende. En
outre, la peine accessoire de la relégation pourra être

prononcée suivant les cas qui seront spécifiés sous
l'article 3.

*b) De la provocation non publique et non anarchiste
des militaires à la désobéissance.* — Nous savons que
le paragraphe 4 de l'article 2, qui vise ce genre d'excitations, a été inséré dans la loi à la suite de la prise
en considération d'un amendement de M. Pourquery
de Boisserin. Voyons à quel sentiment paraît avoir obéi
le député d'Avignon en présentant sa proposition. Il a
pensé que l'exception préjudicielle d'incompétence serait presque toujours soulevée et ne manquerait pas de
donner lieu à des circonvolutions de procédure retar-
dant longuement l'issue des poursuites. C'est pourquoi
il a voulu mettre à l'abri de cette exception, et des lenteurs qui lui sont inhérentes, l'excitation des militaires
à la désobéissance envers leurs chefs. « Croyez-vous,
disait-il, que pour le délit nouveau que vous créez il
faille laisser vivre cette exception? Non. Lorsque les
provocations visées dans l'article 2 s'adressent à l'armée,
menacent de la gangréner, de lui enlever son esprit de
discipline et d'obéissance, il faut une protection efficace,
immédiate, énergique; et, puisque vous entrez dans la
voie répressive, écartez cette exception. »

La Chambre se trouva placée dans un grand embar-
ras, car elle avait adopté, dans la séance du matin du
même jour, une proposition de M. Bertrand décidant
que l'excitation des militaires à la désobéissance ne
tomberait sous le coup de la loi qu'autant qu'elle aurait
un but de propagande anarchiste. Ce député protesta
contre l'amendement de M. Pourquery de Boisserin et
défendit à la tribune le principe qu'il avait fait triompher
dans la matinée. Il invoqua surtout le danger qu'il pou-

vait y avoir à édicter la relégation contre tous les auteurs, même non anarchistes, d'excitations des militaires à l'indiscipline ; mais ses objurgations furent vaines et l'amendement fut pris en considération et renvoyé à la commission, qui, donnant partiellement satisfaction aux observations de M. Bertrand, proposa le texte du paragraphe 4 réprimant l'excitation à l'indiscipline, même non anarchiste, mais avec cette restriction que, dans ce cas, la peine accessoire de la relégation ne pourrait jamais être appliquée.

Si cette disposition ne paraît pas être tout à fait en harmonie avec l'ensemble de la loi, elle aura du moins cet avantage de permettre de saisir toutes les excitations à l'indiscipline qui échapperont à l'article 1er de la loi du 28 juillet, et à l'article 25 de la loi de 1881 sur la presse, c'est-à-dire les excitations non publiques et non anarchistes qui, sans l'adoption de l'amendement de M. Pourquery de Boisserin, seraient demeurées impunies. Ce résultat n'est pas à dédaigner, car, s'il est, encore à cette heure, des provocations au meurtre, au pillage et au vol qui ne soient visées par aucun texte, comme la provocation non publique *et non anarchiste* (et c'est le trou par lequel passeront beaucoup de provocateurs même anarchistes), il n'en est pas de même pour l'excitation à l'indiscipline des militaires dont tous les modes sont pris dans les filets de la loi.

En effet, l'excitation publique et non anarchiste est réprimée par l'article 25 de la loi de 1881 sur la presse ;

L'excitation publique et anarchiste est visée par l'article 1er de la loi du 28 juillet 1894 ;

L'excitation non publique et anarchiste est régie par le paragraphe 3 de l'article 2 de la même loi ;

Enfin, l'excitation non publique et non anarchiste est prévue par le paragraphe 4.

Cette dernière est, comme les deux précédentes, de la compétence du tribunal correctionnel et punie des mêmes peines que l'excitation anarchiste non publique (trois mois à deux ans d'emprisonnement et 100 francs à 2,000 francs d'amende); mais, dans aucun cas, la peine de la relégation ne peut être prononcée de ce chef.

CHAPITRE II

DÉCLARATION UNIQUE. — NÉCESSITÉ D'UN ENSEMBLE
DE CHARGES
DE LA RÉVÉLATION DU NOM DES DÉNONCIATEURS

Le paragraphe 5 de l'article 2 dispose qu'aucune condamnation ne pourra être prononcée sur l'unique déclaration d'une personne prétendant avoir été provoquée, si cette déclaration n'est pas appuyée par un ensemble de charges démontrant la culpabilité et expressément visées dans le jugement de condamnation.

Cette disposition a été introduite dans la loi à la suite d'un amendement de M. Flandin, député de l'Yonne, ancien procureur général à Alger. On a craint qu'un citoyen ne fût exposé à la dénonciation d'un témoin isolé, d'un domestique, d'un ennemi, d'un espion peut-être aposté au foyer, et on a cherché les garanties propres à remédier à ce danger.

C'est un délit redoutable que celui qui peut dépendre d'un témoignage unique à l'abri de tout contrôle, de la déclaration d'un seul homme, et de quel homme parfois ! Il était donc sage de prévenir des abus possibles, et nous pensons que les moyens adoptés par la commission, joints à la sagesse des tribunaux, sont très suffisants pour faire taire les craintes qui avaient été exprimées.

§ 1. — DÉCLARATION UNIQUE

L'unique déclaration de la personne prétendant avoir été l'objet d'un acte de propagande anarchiste sera insuffisante pour motiver la condamnation ; mais qu'arrivera-t-il dans l'hypothèse où le dénonciateur ne sera pas la personne même qui aura été incitée au crime, mais prétendra en avoir été le témoin ? Voici, par exemple, un homme venant affirmer que, tel jour, à telle heure, dans sa maison, Pierre a fait de la propagande anarchiste auprès de Paul et l'a excité à commettre un meurtre.

Pierre proteste prétendant être victime d'une vengeance abominable et d'un faux témoignage. Il n'existe contre lui aucun autre élément de preuve que la déclaration du dénonciateur. Paul n'a pas pu être retrouvé, ou bien supposons même qu'il nie le fait. L'unique déclaration du prétendu témoin suffira-t-elle ? — Bien que nous ne nous trouvions pas dans le cas du paragraphe 5, nous répondons négativement.

Si la prétendue victime de la tentative d'embauchage oppose ses dénégations à la déclaration du témoin, la preuve contraire sera faite, et il est certain qu'en présence d'une affirmation d'un côté, et d'une négation de l'autre, les juges ne condamneront pas.

Beaucoup plus délicate est l'hypothèse où la personne qui aurait été l'objet de la provocation anarchiste n'aurait pas pu être retrouvée ou bien serait décédée. Dans ce cas, les craintes les plus vives peuvent s'élever sur la sincérité du témoin, et, s'il n'est pas honorable et digne d'inspirer confiance, les tribunaux acquitteront si on ne leur apporte pas l'ensemble des charges dont parle le paragraphe 5, démontrant la vraisemblance de l'accusation jusqu'à la certitude.

Quelle erreur c'est, du reste, de croire que les juges peuvent arriver à condamner, les yeux fermés, mécaniquement et, ainsi que l'a dit M. Dumas dans son discours, laiss ertomber, comme un marteau pilon, les condamnations sur la tôte de ceux qui leur sont déférés ! Les magistrats sont moins insouciants des devoirs de leur charge, et nous les voyons, tous les jours, dans le calme de leur indépendance, chercher à établir les responsabilités, peser les moyens de conviction, et, souvent, mettre à néant l'édifice de preuves que le ministère public jugeait le plus solide.

Leur confiance ne se commande pas ; un seul témoin, honorable, sûr, met leur conscience plus en repos que dix mauvais, et c'est pour eux qu'on a dit : *non numerantur, sed ponderantur*.

Nous ne craignons donc pas, même dans le cas où le texte leur permettra de se contenter d'un témoignage unique, qu'ils ne s'exposent à condamner légèrement un innocent. Pour qu'ils condamnent, il faudra ce qu'il leur faut aujourd'hui dans toutes les affaires : la conviction ; et elle ne résulte pas pour eux uniquement de la déclaration d'un ou plusieurs témoins, mais du groupement des circonstances, des indices, des présomptions et des preuves, en un mot d'un ensemble imposant qui fait dans leur esprit une lumière éclatante.

Aussi nos collègues du parquet et de l'instruction feront bien, s'ils veulent s'épargner des déceptions, de ne pas se reposer absolument, en cette question, sur la

lettre de la loi et de ne pas compter uniquement sur la
déclaration d'un témoin. Il sera bon de savoir ce qu'est
ce témoin, s'il peut et doit inspirer confiance, et sa
déclaration devra-être contrôlée par tous les moyens au
pouvoir du juge: antécédents, réputation, relations, fréquentations, lectures de l'inculpé, etc. etc. Hors de là
il n'y aurait que doute et incertitude entraînant l'effon-
drement des poursuites.

§ 2. — Ensemble de charges

Dans le cas où une personne déclarera avoir été
l'objet d'une incitation anarchiste, la condamnation ne
pourra pas être prononcée sur son seul témoignage, s'il
n'est pas accompagné d'un ensemble de charges établissant la culpabilité et formellement visées dans le jugement.

L'auteur de l'amendement contenant cette disposition, M. Flandin, s'est attaché, dans son discours du
21 juillet, à préciser le sens de ces mots « ensemble
de charges ». Après avoir rappelé que le mot « charges »
n'est point une innovation dans le droit pénal et qu'il
se retrouve fréquemment dans le Code d'instruction criminelle, il a ajouté : « Nous avons voulu que la déclaration d'un témoin unique ne pût justifier une condamnation qu'à la condition d'être fortifiée, corroborée
par un ensemble de charges démontrant la culpabilité,
et, avec la jurisprudence de la Cour de cassation, nous
entendons par le mot « charges » *toutes circonstances,
tous indices, toutes présomptions qui, venant s'ad-
joindre au témoignage, devront concourir à établir la
culpabilité.* »

Nous ne saurions rien ajouter à cette définition si complète des moyens accessoires de la preuve destinée à former la conviction du tribunal. Il y aura, sans doute, toujours une part d'appréciation laissée aux juges, et tel ensemble de charges, suffisant pour les uns, sera insuffisant pour les autres. N'en est-il pas ainsi dans toutes les affaires, même dans celles où les peines les plus graves sont en jeu? N'en est-il pas ainsi même devant le jury qui juge plutôt sur de fortes impressions, c'est-à-dire précisément sur l'ensemble des circonstances du procès, que sur les preuves positives?

Quoi qu'il en soit, il faut reconnaître que, dans la question qui nous occupe, le législateur a pris toutes les précautions possibles contre l'arbitraire des tribunaux, en établissant un sûr moyen de contrôle des charges supplémentaires qui auront été retenues pour motiver la condamnation. A cet effet, les jugements devront viser expressément chacune de ces charges.

Néanmoins, quelques membres de la Chambre ou du Sénat avaient critiqué cette disposition comme insuffisante et émis la crainte que l'existence de l'ensemble de preuves ne fût constatée que par une sorte de clause de style stéréotypée, comme imprimée d'avance dans les jugements, et c'est pour répondre à ces scrupules que M. le garde des sceaux s'exprimait ainsi à la tribune du Sénat : « Permettez-moi, Messieurs, de dissiper une crainte qu'a manifestée tout à l'heure l'honorable M. Bérenger ; il nous disait : Vous allez introduire dans notre législation les pratiques qui ont été si justement flétries par Tacite ; vous allez restaurer la tyrannie de Tibère : faire appel à la délation et à la dénonciation. Eh bien ! nous avons à cet égard pris une précaution :

le témoignage de la personne qui prétendra avoir été l'objet d'une incitation ne sera pas admis comme suffisant pour faire condamner l'inculpé. Il faudra non seulement un témoin qui s'explique d'une façon nette et précise, qui atteste l'incitation commise, qui donne la preuve du but de propagande anarchique ; il faudra non seulement que l'incitation se soit produite sous l'une des deux formes que j'ai dites, provocation ou apologie, il faudra encore un ensemble de charges établissant la culpabilité du prévenu. Le tribunal — comme vous sembliez le craindre tout à l'heure — ne pourra donc pas se contenter d'insérer dans son jugement : « Attendu qu'il résulte des débats... », il sera obligé, en vertu du texte dont nous vous demandons l'adoption, *de viser d'une façon précise* dans son jugement les charges qui s'élèvent contre le prévenu. »

Après ces paroles, il paraît impossible d'équivoquer, et il est hors de doute pour nous que les juges devront non seulement énumérer toutes les charges retenues pour la condamnation, mais encore les *préciser.*

A la Chambre des députés, M. Marcel Habert avait proposé un amendement tendant à faire insérer les mots « et spécifiées » après ceux-ci : « expressément visées ». « Le mot « visées » veut dire, suivant moi, disait cet orateur — et certains tribunaux peuvent l'interpréter comme moi, — que dans la circonstance dont il s'agit, c'est-à-dire quand on sera en présence d'un témoin unique, les présomptions, les indices qui sont visés comme charges devront être indiqués dans le jugement sous forme énumérative. Il suffira, par exemple, de dire : « Attendu qu'il résulte des dépositions de témoins tel, tel et tel, etc... » Or, pour obtenir le résultat que vous désirez, il est nécessaire non pas d'énumérer, mais de préciser les témoignages, les faits et les circonstances visés. »

M. le garde des sceaux expliqua que les mots « expressément visées » répondaient au sentiment de M. Marcel Habert, et que l'amendement était chose complètement inutile. Il fut néanmoins maintenu par son auteur et repoussé par la Chambre.

Suffira-t-il au juge de dire dans son jugement, ainsi que l'a déclaré M. Millerand, à la séance de la Chambre du 21 juillet: « Qu'il résulte des renseignements recueillis sur le prévenu et consignés dans les rapports de police, des opinions connues du prévenu, de ses relations et du témoignage..... » Nous pensons qu'un jugement ainsi rédigé ne répondrait pas complètement au vœu de la loi, et qu'il ne suffirait pas notamment d'invoquer les renseignements recueillis, les opinions et les relations du prévenu. Il sera nécessaire de préciser ces renseignements, de spécifier ces relations et ces opinions et de les grouper en un faisceau compact formant l'ensemble de charges exigé par la loi.

§ 3. — DE LA RÉVÉLATION DU NOM DES DÉNONCIATEURS

Un débat s'est élevé, à la Chambre, sur le point de savoir si le ministère public est tenu, dans le cas d'ordonnance de non-lieu ou d'acquittement, de faire connaître à l'inculpé les noms des dénonciateurs, et nous ne croyons pas inutile de dire quelques mots de cette question.

M. Gauthier (de Clagny) avait proposé un amendement tendant à faire ajouter à l'article 2 la disposition suivante : « Dans le cas où une ordonnance de non-lieu aura été rendue ou un acquittement prononcé, le procureur de la République sera tenu, sur la réquisition de l'inculpé ou du prévenu, de lui faire connaître ses dénonciateurs. Ceux-ci seront punis conformément aux dispositions de l'article 373 du Code pénal. »

Nous relevons sur le compte rendu de la séance la réponse que lui fit M. Audiffred, président de la commission, et la réplique de M. Gauthier (de Clagny) :

« M. Audiffred, *président de la commission* : La commission se borne à faire observer que le décret de 1811, qui est la loi générale en la matière, permet expressément d'atteindre le but que poursuit M. Gauthier (de Clagny).

« M. Millerand : Pour la Cour d'assises seulement.

« M. Gauthier (de Clagny) : Messieurs, je voulais obtenir de la commission une déclaration qui vient de m'être fournie.

« Il est bien entendu que, même en matière correctionnelle, le procureur de la République sera tenu de faire connaître le dénonciateur.

« M. Audiffred : Parfaitement ! C'est dans la loi.

« M. Gauthier (de Clagny) : Dans ces conditions, je retire mon amendement. »

Recherchons donc dans quel sens et dans quels termes il faut entendre l'interprétation de M. le président de la commission. La question qu'il s'agit de trancher est réglée par l'article 56 du décret du 18 juin 1811 ainsi conçu : « En matière correctionnelle et de simple police aucune expédition ou copie de pièces de la procédure ne pourra être délivrée aux parties sans une autorisation expresse du procureur général ; mais il leur sera délivré, sur leur demande, expédition de la plainte, de la dénonciation, des ordonnances et des jugements définitifs. Toutes ces expéditions seront à leurs frais. »

Ainsi qu'on le voit, il ne s'agit pas d'une déclaration que le procureur de la République aurait à faire pour révéler le nom du dénonciateur. L'article 56 du décret du 18 juin 1811 impose seulement au parquet l'obligation de délivrer *copie* ou *expédition* de la plainte, de la dénonciation, des ordonnances et du jugement définitif, le tout aux frais des parties.

Le procureur de la République sera-t-il dorénavant tenu à autre chose que ce qui est stipulé par l'article 56 du décret? Nous ne le pensons pas. Sans doute, il serait plus expéditif de demander au parquet une simple déclaration contenant la désignation du dénonciateur. Cela n'occasionnerait point de frais et permettrait de donner satisfaction immédiate aux intéressés. Mais ce procédé ne serait pas sans danger. Il peut, en effet, dans certains cas, être délicat d'attribuer au plaignant la qualité de dénonciateur; le parquet aurait aussi à se prononcer sur le point de savoir si la dénonciation est régulière et valable pour baser une action en dénonciation calomnieuse. Sa déclaration pourrait donc être erronée et donner lieu à des poursuites mal fondées. C'est pourquoi l'article 56 du décret de 1811 oblige seulement à délivrer des copies.

Dans quelles conditions cette délivrance se fera-t-elle?

L'article 56 ne parle que des tribunaux correctionnels et de simple police, et ne s'applique pas aux procédures criminelles, dont la communication est régie par l'article 302 du Code d'instruction criminelle.

Nous n'avons, du reste, à nous occuper que de la matière correctionnelle, tous les délits prévus par la loi du 28 juillet 1894 étant de la compétence des tribunaux correctionnels.

En vertu du décret de 1811, les parquets doivent faire délivrer aux parties, sur leur seule demande et sans aucune autorisation ni formalité préalable, copie : 1° *de la plainte ;* 2° *de la dénonciation ;* 3° *des ordonnances définitives ;* 4° *des jugements définitifs.*

L'article 56 est général et ne fait aucune distinction entre les procédures réglées soit par une ordonnance de non-lieu, soit par un jugement d'acquittement ou de condamnation. Il est donc applicable dans tous les cas.

La délivrance des pièces visées dans l'article 56 n'est pas gratuite et se fait aux frais de la personne qui la réclame. Il semble qu'on ait voulu, par là, imposer un frein, créer un léger obstacle à l'exercice hâtif, inconsidéré de poursuites en dénonciation calomnieuse de la part des inculpés acquittés ou ayant bénéficié d'une ordonnance de non-lieu, trop prompts à exercer des représailles. Cette question des frais peut être, pour certaines personnes, un obstacle absolu à l'exercice de leur droit ; mais les victimes d'une fausse délation trouveront une protection efficace auprès du ministère public, qui ne manquera pas de se substituer à elles pour exercer d'office des poursuites en dénonciation calomnieuse, toutes les fois qu'il sera établi que les inculpés ont été victimes d'une machination dont on aura essayé de rendre la justice dupe et complice.

L'article 56 visant seulement la délivrance d'*expéditions ou copies de pièces,* que faudra-t-il pour décider la *simple communication* de ces pièces ? Cette question, si simple en apparence, est cependant très controversée. M. Faustin-Hélie, par exemple, enseigne que « l'article 56 du décret de 1811 ne s'applique nullement aux simples communications de pièces, mais seulement à la délivrance d'expéditions aux parties qui ont figuré dans les ordonnances et les jugements. » Cette opinion est également soutenue par Dalloz (V. *Greffier*, n° 55); mais nous croyons devoir nous en séparer en vertu du principe que celui qui peut le plus peut le moins, et que, par suite, si la loi prescrit aux parquets de faire délivrer des expéditions de la plainte, des ordonnances et du jugement, nous ne voyons pas le motif de refuser la simple communication de ces documents. Que cette communication ne soit donnée qu'au greffe, au parquet, avec toutes les garanties de sécurité que nous avons le droit et le devoir d'exiger, nous en sommes d'accord, mais nous pensons qu'elle ne peut pas être refusée.

Dans une étude très intéressante sur la *communication des procédures criminelles ou correctionnelles*, publiée par le *Journal des parquets* (année 1893), le savant auteur du *Dictionnaire des parquets*, M. Le Poittevin, donne la même interprétation de l'article 56 du décret de 1811. « Les mêmes raisons, dit-il, ne s'appliquent-elles pas avec autant de force à la simple communication? La délivrance d'expéditions n'est, en réalité, qu'une forme de la communication; celui à qui on remet un dossier peut évidemment prendre des notes et même le copier entièrement. Donc, qu'il y ait délivrance d'expéditions, qu'il y ait simple communication, le résultat est le même ; l'intéressé a en main une copie de l'information.

Il y a, si l'on veut, une légère différence : dans un cas, la copie est certifiée conforme par le greffier ; dans l'autre, cette certification n'existe pas... Nous devons donc en conclure que les dispositions de l'article 56 du décret de 1811 s'appliquent à la simple communication. »

Nous présenterons seulement une légère observation sur le droit de copier les pièces que M. Le Poittevin reconnaît à la personne autorisée à prendre communication d'un dossier. Nous ne partageons pas cette manière de voir et nous pensons que la simple communication n'entraîne pas l'autorisation de prendre copie. Pourquoi? Parce que les copies prises dans ces conditions n'offrent aucune garantie d'authenticité ni d'exactitude et peuvent donner lieu à de regrettables erreurs. Supposez un nom écrit pour un autre, un passage mal copié; néanmoins, cette copie informe et erronée va entrer dans le dossier de l'avoué ou de l'avocat; sur ses données un procès va être engagé, l'adversaire lui-même en recevra peut-être une copie par la communication des pièces, et on plaidera sur ce procès-verbal inexact jusqu'à ce que le tribunal réclame enfin le document original et authentique.

Demandons-nous, en dernier lieu, quelles personnes ont droit de réclamer soit la délivrance d'une expédition, soit la communication de la dénonciation, des ordonnances et du jugement. L'article 56 accorde ce droit aux *parties;* qu'entend-il par ce mot?

Dans un procès correctionnel; quelles peuvent être les parties en cause, en dehors du ministère public? Il ne peut y en avoir que trois: l'inculpé, la personne civilement responsable et la partie civile régulièrement constituée.

Il n'y a pas de difficultés pour les inculpés et les personnes civilement responsables, leur droit étant incontestable ; mais les plaignants ? Ils ne peuvent demander l'expédition des pièces énumérées à l'article 56 qu'autant qu'ils se sont portés parties civiles au procès. (*Décision du garde des sceaux*, 17 septembre 1818 ; — GILLET et DEMOLY, n° 1281 ; — de DALMAS, *Des frais de justice*, p. 152 ; — LAUTOUR, *Code des frais de justice*, p. 66 ; — MASSABIAU, t. II, n° 2720 ; LE POITTEVIN, *loc. cit.*)

Il est bien entendu que le droit à l'expédition ou à la communication ne s'applique, suivant les termes de l'article 56, qu'à la plainte, à la dénonciation, à l'ordonnance et au jugement définitif. La copie ou la communication des autres pièces de la procédure ne pourra être obtenue que sur l'autorisation expresse du procureur général. Ainsi, le procès-verbal de gendarmerie, contenant non seulement la dénonciation ou la plainte, mais encore les dépositions des témoins, ne devra pas être communiqué sans autorisation du chef du parquet de la Cour, et, si l'autorisation était refusée, l'intéressé aurait seulement le droit de requérir copie de la partie du procès-verbal contenant la plainte. (LE POITTEVIN, *loc. cit.*) Ne serait pas obligatoire non plus la communication ou la délivrance de l'expédition d'un procès-verbal dressé d'office, sur une rumeur publique, et ne contenant que des dépositions de témoins.

Il n'entre pas dans le cadre de cette modeste étude de chercher à fixer dans quel cas le procureur général devra accorder l'autorisation de délivrer copie de la procédure ou de la communiquer. Nous nous bornerons à rappeler que les instructions de la chancellerie recommandent de n'accorder ces autorisations qu'avec beaucoup de circonspection « et *jamais* quand la procédure, n'ayant point eu de résultats, doit rester secrète ». (*Décisions* du 2 février 1816 et du 10 octobre 1817 ; — de Dalmas, *Des frais de justice*, p. 152.) Par conséquent, il ne peut être donné copie ou communication d'une procédure terminée par une ordonnance de non-lieu, parce qu'elle peut toujours être reprise s'il survient de nouvelles charges contre l'inculpé. (Massabiau, *Manuel du ministère public*, t. II, n° 2720. — Lautour, *Code des frais de justice*, p. 65.)

C'est dans ces termes et dans ces limites que doivent être entendues et appliquées les paroles de M. le président de la commission, que nous avons rapportées plus haut.

ARTICLE 3

« Article 3. — La peine accessoire de la rélégation pourra
être prononcée contre les individus condamnés en vertu des
articles 1er et 2 de la présente loi à une peine supérieure à
une année d'emprisonnement et ayant encouru, dáns une
période de moins de dix ans, soit une condamnation à plus
de trois mois d'emprisonnement pour les faits spécifiés auxdits articles, soit une condamnation à la peine des travaux
forcés, de la réclusion ou de plus de trois mois d'emprisonnement pour crime ou délit de droit commun ».

DE LA RELÉGATION

La relégation des anarchistes répond à un des plus
graves dangers que la société ait encourus et aux vœux
unanimes de l'opinion. Ces misérables ne désarment pas,
et, suivant l'expression de M. le garde des sceaux, à la
tribune de la Chambre, « la loi qui les atteint, la condamnation qui les frappe, sont pour eux un grief nouveau contre cette société qu'ils veulent détruire [1] ».

[1] *Discours de* M. Guérin, garde des Sceaux, à la séance de la
Chambre des députés du 23 juillet :
« Je viens simplement, Messieurs, et en ces quelques mots très

L'unique moyen de préservation sociale est donc dans l'éloignement.

La relégation ne sera pas obligatoire pour les tribunaux, mais facultative. L'article 3 emploie, en effet, le mot *pourra*, afin de laisser aux juges le soin d'appré-

brefs, vous indiquer les raisons qui nous ont fait insérer dans la loi l'article 3, et vous demander d'autoriser les Tribunaux à appliquer contre les condamnés anarchistes la peine de la relégation.

Il s'agit là, en effet, d'une partie importante de la loi ; nous considérons que l'œuvre que nous poursuivons ne serait pas entière, que notre but ne serait pas atteint, que la loi perdrait toute efficacité si, après l'expiration de sa peine — et sous des conditions que j'aurai l'honneur de vous exposer, — le condamné ne pouvait être soumis à la relégation, si nous lui laissions la faculté de reprendre sa place dans la société à laquelle il a voué une haine sauvage, et dont il poursuit la destruction par d'abominables moyens.

Nous avons été amenés à vous proposer cet article 3 par cette considération qu'en thèse générale le condamné anarchiste est insusceptible d'amendement, parce qu'il est l'adversaire implacable de la société et de ses lois. La loi qui l'atteint, la condamnation qui le frappe sont pour lui un grief nouveau contre cette société qu'il veut détruire.

Si vous lui permettez, à l'expiration de sa peine, de rentrer dans la société, il y reviendra avec un sentiment de haine, dont le châtiment n'aura fait qu'accroître l'exaspération.

Voilà pourquoi nous vous demandons d'autoriser les tribunaux à prononcer la peine de la relégation. Mais, Messieurs, comme il s'agit d'une peine très dure, d'une peine perpétuelle, la commission et le Gouvernement ont tenu à en entourer l'application de toutes les garanties possibles, et, lorsque j'entendais tout à l'heure M. Pelletan, avec son esprit ordinaire, formuler à cette tribune les hypothèses d'un anarchiste voleur et d'un anarchiste pur et simple, et affirmer que le voleur serait condamné à la réclusion, tandis que le simple anarchiste serait condamné aux travaux forcés, je me disais que M. Pelletan perdait sans doute de vue les conditions dans lesquelles la relégation serait appliquée, et ce sont ces conditions que je vous demande la permission d'exposer en deux mots.

La première garantie, c'est que la relégation, au lieu d'être obligatoire, sera facultative. On tiendra compte des circonstances de chaque espèce, des antécédents, des prévenus. Quand les tribunaux

cier, suivant la gravité du délit et les antécédents de
l'inculpé, s'il y a lieu de le soumettre à l'éloignement.
« Les tribunaux, dit M. le garde des sceaux dans sa circulaire du 6 août 1894, devront faire usage de la peine
accessoire de la relégation toutes les fois qu'un inté-

auront affaire à un prévenu comparaissant pour la première fois
devant eux et n'ayant commis qu'une faute légère, comme ce que
vous appelez une imprudence de langage ou un article violent qui,
vous le savez, ne tombera pas sous le coup de notre loi.

La Commission, Messieurs, a apporté encore à la faculté d'appliquer la relégation une double restriction. Elle exige d'abord que la
condamnation prononcée par le tribunal soit supérieure à un an de
prison, ce qui implique, vous voudrez bien le reconnaître, un délit
d'une certaine gravité. Elle veut, en second lieu, que le prévenu
ne soit pas ce qu'on appelle un condamné primaire. Le condamné
récidiviste seul peut être relégué.

Le relégué doit avoir déjà subi une série de condamnations, soit
à plus de trois mois de prison pour un des délits spécifiés dans
les articles 1er et 2 de la loi, soit aux travaux forcés, à la réclusion
ou à un emprisonnement supérieur encore à trois mois pour un
crime ou un délit de droit commun. Nous vous offrons donc trois
garanties : d'abord, la nécessité d'une condamnation supérieure à
un an de prison ; ensuite, le caractère facultatif de la relégation ;
enfin, la restriction de la relégation aux récidivistes, à des individus
qui auront déjà subi plusieurs condamnations.

Telles sont les dispositions que la commission et le Gouvernement ont cru devoir vous proposer pour atténuer la rigueur de la
peine de la relégation.

Je suis vraiment surpris, Messieurs, de rencontrer chez certains
de vos collègues comme une sorte de tendresse pour les malfaiteurs
que nous voulons punir.

Vous êtes saisis, Messieurs, de divers amendements, dont les uns
ont pour objet de réserver aux condamnés anarchistes la relégation
individuelle, d'autres de ne pas les envoyer à la Guyane, d'autres
enfin de substituer à la relégation le bannissement, oubliant ainsi
que le bannissement est une peine politique et qu'il ne s'agit pas
ici de peines ni de délits politiques...

En lisant ces amendements, je me disais que peut-être il serait
bon de réserver un peu de cette pitié pour des Français qui en
sont plus dignes ; je me disais qu'à la Guyane, sous ce climat

rêt de préservation sociale paraîtra l'exiger. » La loi du
27 mai 1885, au contraire, prononce la relégation obligatoire; mais les tribunaux ont un moyen toujours facile
de la rendre facultative en prononçant une peine infé-
rieure à trois mois et un jour d'emprisonnement, et c'est
ce qui explique le faible nombre de récidivistes relégués.

L'article 3, édictant la relégation des anarchistes, a
été vivement combattu à la Chambre. On lui reprochait
de ne pas offrir des garanties suffisantes, de frapper
d'une peine perpétuelle et disproportionnée avec le délit
des faits qui peuvent être légers comme ceux que vise
l'article 2, tandis que d'autres beaucoup plus graves ne
seront pas atteints par la relégation, et, à l'appui de
cette thèse, M. Pelletan faisait l'hypothèse suivante :

rigoureux, nous avons des fonctionnaires qui représentent la
France, nous avons des soldats qui portent le drapeau de la Patrie,
qui, tous, font vaillamment leur devoir. Oui, certes, il ne serait
que juste de garder pour ces fonctionnaires et ces soldats un peu
de cette pitié que vous accordez si libéralement aux anarchistes!

Messieurs— et c'est par là que je termine, — l'honorable M. Pelletan vous a fait tout à l'heure un tableau éloquent et ému des
conditions rigoureuses dans lesquelles est appliquée la peine de la
relégation. Il faudrait pourtant ne pas oublier les explosions du
restaurant Véry, de la rue des Bons-Enfants, du café Terminus : il
ne faudrait pas oublier les innocentes victimes de ces odieux criminels dont nous voulons arrêter le bras.

Nous n'avons pas le droit d'oublier les attentats qui ont si profondément ému le pays, ces abominables crimes qui ont fait, son-
gez-y, des veuves et des orphelins.

Que la Chambre ne s'y trompe pas, c'est une œuvre de sécurité
sociale que nous poursuivons en ce moment.

Nous voulons purger le pays des malfaiteurs les plus dangereux,
et nous avons le sentiment que nous faisons notre devoir et que
nous répondons au vœu unanime du pays.

Nous sommes convaincus, Messieurs, que dans cette œuvre de
défense sociale le concours de la Chambre ne nous fera pas défaut ».

il supposait deux anarchistes travaillant chez le même
patron et l'un des deux disant à l'autre : « Il s'agit de
mettre nos idées en pratique; nous allons dévaliser
notre maître en faisant main basse sur les bijoux, les
montres et tout ce qui est à notre portée. » Sur le refus
du second, le premier accomplit seul son vol, et il est
arrêté.

Des camarades non anarchistes apprennent le fait et
flétrissent le voleur; mais celui qui avait refusé de par-
ticiper au vol intervient et dit : « Il a bien fait! c'est
ainsi que nous devrions tous agir; c'est notre droit de
prendre leurs biens à ceux qui possèdent. »

Ces deux hommes sont poursuivis. L'un a commis un
vol au préjudice de son maître, l'autre en a fait seulement l'apologie. Le premier est déféré à la Cour d'assises et condamné à un certain nombre d'années de
réclusion après lesquelles il sera libre. Quant à celui
qui s'était borné à faire l'apologie du vol, il sera condamné à la prison et relégué à perpétuité.

L'inégalité que signale M. Pelletan ne peut pas, ne doit
pas se produire, et il est à peu près certain que chacun
des deux individus qu'il a imaginés recevra assez exactement le traitement qu'il mérite.

D'abord, la faculté de relégation étant laissée aux
tribunaux, il n'est pas sûr que l'apologiste sera soumis
à cette peine. Il faudra pour cela qu'il ait déjà subi une
condamnation soit à la peine des travaux forcés ou de
la réclusion, soit à plus de trois mois d'emprisonnement, et que l'apologie anarchiste qu'il aura proférée
entraîne une condamnation à plus d'un an d'emprisonnement. Enfin, même dans ces conditions, le tribunal
ne sera pas obligé à prononcer la relégation, et il est

permis de penser qu'il ne le fera qu'autant qu'il se trouvera en présence d'un anarchiste véritablement dangereux.

Mais supposons qu'il la prononce. L'inégalité signalée entre le sort du simple apologiste du vol et celui du voleur lui-même ne se produira pas, et voici pourquoi.

Dans l'hypothèse de M. Pelletan, l'anarchiste qui s'est rendu coupable du vol a commis auparavant un délit bien distinct du vol et dont il doit compte : celui de provocation au vol, dans un but de propagande anarchiste, prévu par l'article 2, § 2, de notre loi, qui pourra être retenu comme connexe au crime de vol, ou, à défaut de connexité, être déféré directement au tribunal correctionnel et entraîner la relégation s'il y a lieu. En plus du simple apologiste, il aura donc à subir des années de réclusion auxquelles le jury l'aura condamné, et ce n'est qu'après l'exécution de cette peine qu'il sera transporté dans le lieu de relégation. Non seulement il n'y aura pas entre ces deux hommes une inégalité choquante, mais on voit que la loi permettra d'établir une juste balance entre les responsabilités et les peines.

§ 1. — Conditions auxquelles la relégation pourra être prononcée

La relégation pourra être appliquée à tous ceux qui seront condamnés à plus d'un an d'emprisonnement en vertu des articles 1ᵉʳ et 2 de la loi du 28 juillet 1894, et ayant encouru antérieurement, depuis moins de dix ans, soit une condamnation à plus de trois mois de prison

pour les faits visés par ces deux articles, soit une condamnation à la peine des travaux forcés, de la réclusion
ou de plus de trois mois d'emprisonnement pour faits
de droit commun.

La peine de la relégation pourra donc être appliquée
accessoirement aux condamnations à plus d'une année
d'emprisonnement prononcées pour les délits suivants :

1° Provocation directe, publique et dans un but de
propagande anarchiste, au vol, au meurtre, au pillage,
à l'incendie, à la destruction à l'aide d'engins explosifs, ou à l'un des crimes et délits contre la sûreté extérieure de l'État prévus par les articles 75 et suivants jusqu'à l'article 85 inclus du Code pénal (art. 1er de la loi,
et 24, § 1, de la loi du 29 juillet 1881) ;

2° Apologie, publique et dans un but de propagande
anarchiste, du meurtre, du pillage, de l'incendie, de
la destruction par engins explosifs, ou du vol (art. 1er
de la loi, et 24, § 3, de la loi du 29 juillet 1881);

3° Excitation publique et non publique des militaires
à la désobéissance dans un but de propagande anarchiste (art. 1er et 2, § 3, de la loi, et 25 de la loi du
29 juillet 1881) ;

4° Propagande anarchiste, soit par provocation, soit
par apologie (art. 2, § 2 de la loi du 28 juillet 1894).

La relégation pourra être ordonnée envers tous les
condamnés de ces diverses catégories sous deux conditions : la première, que l'inculpé soit condamné à plus
d'un an d'emprisonnement pour le délit motivant les
poursuites ; la seconde, qu'il ait déjà subi depuis moins
de dix ans une des condamnations énumérées dans l'article 3 de la loi.

a) *Condamnation à plus d'un an d'emprisonne-*

ment. — Il ne suffirait pas que l'inculpé fût condamné à un an ; il est nécessaire que la peine prononcée soit supérieure à une année, c'est-à-dire d'au moins un an et un jour, pour que la relégation lui soit applicable.

b) Condamnations antérieures pouvant être comptées en vue de la relégation. — Les condamnés primaires ne pourront jamais être relégués. Il n'en était pas de même dans le projet du Gouvernement, aux termes duquel tout individu condamné à plus d'un an d'emprisonnement pouvait être relégué ; mais ces disposition avaient été abandonnées pour faire place à la relégation édictée contre les seuls récidivistes ayant déjà encouru l'une des condamnations suivantes :

1° Une condamnation à plus de trois mois d'emprisonnement pour les délits des articles 1er et 2, ci-dessus énumérés : provocation, apologie, excitation des militaires à la désobéissance ou propagande anarchiste ;

2° Une condamnation à la peine des travaux forcés ou de la réclusion pour crime de droit commun ;

3° Une condamnation à plus de trois mois d'emprisonnement pour délit de droit commun.

Les condamnations politiques, ne pourront donc pas motiver la relégation. L'article 3 de la loi du 27 mai 1885 contenait déjà une disposition analogue édictant que les crimes ou délits politiques, et les crimes ou délits qui leur sont connexes, ne seront en aucun cas comptés pour la relégation.

c) Crimes et délits politiques. — Il ne nous est pas possible de faire ici une étude complète des crimes et des délits politiques, qui nous entraînerait trop loin ; nous devons seulement préciser quelles sont les condamnations qui, étant réputées politiques, ne doivent pas entrer en ligne de compte pour la relégation.

Il existe plusieurs définitions des infractions politiques; mais on s'accorde à les reconnaître imparfaites ou insuffisantes, et M. L. Renault va jusqu'à penser « qu'il est chimérique de chercher cette formule, parce qu'il s'agit de faits beaucoup trop variés pour être soumis à une règle unique ». (*Des crimes politiques en matière d'extradition. Journal de droit international privé*, 1880, t. VII, p. 77.) M. Haus donne des crimes et délits politiques la définition suivante : « Par infractions politiques on doit entendre les crimes et les délits qui portent *uniquement* atteinte à l'ordre politique. » (*Principes du Code pénal belge*, t. I, n° 346.) Mais nous préférons la définition suivante de Westlaké : « A mon avis, le caractère politique ou non politique d'un acte, qui est légalement criminel, n'est pas déterminé par l'existence de motifs politiques, mais il dépend de la nature de l'acte considéré en lui-même. » (*Mémoire* lu, en 1876, à Liverpool, devant l'Association britannique pour l'avancement des sciences.) Il ne faut donc pas confondre les motifs, les mobiles qui ont déterminé l'auteur à commettre un crime ou un délit avec le caractère de l'acte lui-même. Ces motifs ont pu être d'ordre politique, sans que la nature du fait criminel fût modifiée; le crime ou le délit a pu être commis sous l'empire de la passion politique, comme il aurait pu l'être par vengeance ou par cupidité, mais il n'acquiert pas, pour cela, un caractère politique; « le fait est toujours le même, dit M. L. Renault, quelque variées que puissent être les circonstances dans lesquelles il se produit..... La conscience nous dit, à moins d'être singulièrement obscurcie par les préventions des partis, que ceux qui ont tué le président Lincoln, le duc de Berry, Rossi, que Fieschi, Orsini, Nobiling, Passanante ou Otero ont commis des assassinats ou des tentatives d'assassinat. Au point de vue moral, il a pu y avoir des différences entre ces individus, comme il peut y en avoir entre ceux qui agissent sous l'impression de passions non politiques ; ils n'en sont pas moins tous des assassins et des meurtriers dans toutes les langues et dans toutes les législations ». (*Loc. cit.*)

Le Code pénal ne définit pas les crimes politiques, mais on sait que son esprit a été de distinguer les crimes politiques des crimes de droit commun et d'appliquer une nature de peines particulières à chacune de ces catégories, et que, la peine de mort étant abolie en matière politique par la Constitution du 4 novembre 1848, l'échelle des peines criminelles en matière politique est la suivante : 1° la déportation ; 2° la détention de cinq à vingt ans ; 3° le bannissement ; 4° la dégradation civique. Il sera donc facile de reconnaître les crimes politiques à la pénalité prononcée par la loi.

Ce *criterium* sera infaillible et suffisant pour les crimes qui ne sont pas punis de la peine de mort ; mais il ne pourra plus nous guider dans les cas où la peine capitale sera encourue.

La peine de mort, en matière politique, a été remplacée, par la loi du 5 avril 1850, par la déportation dans une enceinte fortifiée. Dans quels cas les tribunaux devront-ils prononcer cette substitution ? Dans quels cas devront-ils considérer le crime comme politique ou commun ? A notre connaissance, la législation criminelle ne fournit aucun élément de décision sur ce point et la question ne peut être résolue qu'à la lumière des

principes formulés plus haut, c'est-à-dire en recher-
chant si, par sa nature elle-même, l'acte porte *exclusivement* atteinte à l'ordre politique. L'indépendance
de la nation, l'intégrité de son territoire et les rapports
de l'État avec les autres États forment l'ordre politique à l'extérieur; la forme du Gouvernement, l'organisation des pouvoirs publics, leurs rapports mutuels,
enfin les droits politiques des citoyens constituent
l'ordre politique à l'intérieur. (DALLOZ, *Supplément*,
t. IV. *Délits politiques*, n° 4).

En ce qui concerne les *délits politiques*, on ne peut
pas demander à la pénalité qui les frappe s'ils ont ou
non ce caractère, les peines correctionnelles étant les
mêmes en matière politique et en droit commun. Il
faut donc chercher d'autres moyens de décision.

La loi du 8 octobre 1830 sur l'application du jury
aux délits de presse et aux délits politiques contient
une énumération de délits politiques dans son article 7,
qui est ainsi conçu : « ARTICLE 7. — Sont réputés politiques les délits prévus : 1° par les chapitres ɪᵉʳ et ɪɪ du
titre ɪᵉʳ du livre III, Code pénal;

2° Par les paragraphes 2 et 4 de la section III et par
la section VII du chapitre ɪɪɪ des mêmes livre et titre;

3° Par l'article 9 de la loi du 25 mars 1822. »

Les délits politiques visés par la loi du 8 octobre 1830
sont donc les suivants :

1° Les délits contre la sûreté de l'État (chap. ɪᵉʳ du
titre ɪᵉʳ du livre III du C. p.) ;

2° Les délits contre la Constitution (chap. ɪɪ du
titre ɪᵉʳ du livre III du C. p.), parmi lesquels il faut
ranger les délits électoraux ;

3° Les critiques, censures ou provocations dirigées

contre l'autorité publique dans un discours pastoral (§ 2, section III du chap. III du titre Iᵉʳ du livre III du C. p.) ;

4° Les correspondances des ministres des cultes avec les cours ou puissances étrangères sur les matières de religion (§ 4, section III du chap. III du titre Iᵉʳ du livre III du C. p.) ;

5° Les délits d'associations ou de réunions illicites (section VII des mêmes chap., titre et livre), parmi lesquels il faut placer les infractions à la loi du 14 mars 1872 contre l'internationale et à celle du 7 juin 1848 sur les attroupements.

Les faits visés au paragraphe 3 de l'article 7 de la loi du 8 octobre 1830 (enlèvement ou dégradation des signes publics de l'autorité royale, port public de signes extérieurs de ralliement non autorisés, exposition, distribution ou mise en vente de signes ou symboles destinés à propager l'esprit de rébellion ou à troubler la paix publique) ne constituent plus aucun délit, la loi sur la presse ne les ayant pas reproduits et ayant aboli toute la législation antérieure sur la matière.

Ainsi les condamnations encourues pour l'un des crimes ou délits réputés politiques ne pourront pas motiver la relégation des anarchistes poursuivis en vertu de la loi du 28 juillet 1894.

d) Des délits de presse. — Une condamnation pour délits de ce genre pourra-t-elle motiver la relégation édictée par l'article 3 ? La solution de cette question dépend de celle de savoir si les délits de presse sont des délits politiques ou non. Nous répondons que les délits de presse ne sont pas des délits politiques, à moins que par leur nature ils ne menacent directement et uniquement l'ordre politique, comme la provocation aux crimes et délits contre la sûreté de l'État, l'offense envers le président de la République et les chefs d'État ou agents diplomatiques étrangers.

Les crimes ou délits de presse n'ayant pas ce caractère sont du droit commun. Comment soutenir, par exemple, que la provocation au meurtre, au pillage, suivie d'effet, est un crime politique ? Les auteurs de ces faits sont de simples assassins ou meurtriers, et les condamnations qu'ils encourent entrainent pour eux toutes les conséquences du crime ordinaire, y compris la relégation édictée à l'article 3 de notre loi.

e) La condamnation antérieure devra remonter à moins de dix ans. — Les condamnations antérieures ne pourront être comptées en vue de la relégation que dans le cas d'une nouvelle condamnation intervenue *dans une période de moins de dix ans.*

Cette disposition diffère des termes de l'article 4 de la loi du 27 mai 1885, où il est dit : « dans un intervalle *de dix ans*, non compris la durée de toute peine subie. » L'article 3 de la loi du 28 juillet 1894 a donc réduit à dix ans moins un jour la période pendant laquelle devra intervenir une seconde condamnation pouvant motiver la relégation; il a également négligé de spécifier si la durée de la peine subie antérieurement serait comprise dans le calcul de la période de moins de dix ans.

Le silence de la loi sur ce point laisse donc le champ libre à la controverse, et nous devons rechercher quelle solution il convient d'adopter.

Imaginons un individu condamné à dix ans de réclusion pour crime de droit commun. A l'expiration de sa peine, il est remis en liberté, et, à peine rentré dans la société, il s'adonne aux doctrines anarchistes et devient un véritable danger pour la sécurité. Il ne tarde pas à être poursuivi pour l'un des délits de la loi du 28 juillet 1894 et il est condamné à plus d'un an d'emprisonnement. La condamnation qu'il a encourue antérieurement remonte à plus de dix années. Peut-il être relégué ?

On peut soutenir d'un côté, avec une certaine apparence de raison, qu'en matière pénale tout est de droit strict et qu'il ne peut être suppléé à la loi par extension, interprétation ou analogie ; que, par suite, les dispositions relatives à la relégation édictées par la loi du 27 mai 1885, contre les récidivistes, ne peuvent pas être étendues aux condamnés en vertu de la nouvelle loi.

On peut ajouter que les conditions de la relégation des anarchistes ne sont pas les mêmes que celles de la relégation des récidivistes : la période pendant laquelle la deuxième condamnation doit intervenir est modifiée, la nature et le nombre des condamnations sont changés ; il n'y a donc aucune raison, dans le silence de la loi, d'appliquer à la relégation des anarchistes la disposition relative à la non-computation, dans la période de dix années, de la durée de la peine subie.

Néanmoins nous ne croyons pas devoir nous ranger à cette opinion.

La relégation prononcée par la loi du 28 juillet 1894 est la même que la relégation des récidivistes établie par la loi du 27 mai 1885. C'est cette même peine accessoire que le législateur a entendu appliquer aux anarchistes, soit dans les conditions imposées à son

admission, soit dans ses modes d'exécution, pour tout
ce qu'il n'a pas modifié.

L'article 3 dit, en effet : « La peine accessoire de la
relégation pourra... » Quelle est cette peine accessoire ?
Incontestablement celle qui a été instituée par la loi du
27 mai 1885, à laquelle la loi du 28 juillet se réfère.
De nouvelles conditions de relégation ont été établies,
sans doute ; mais la loi du 27 mai 1885 reste applicable
dans celles de ses dispositions qui ne sont pas contraires à la loi du 28 juillet et qui n'ont pas été abrogées par elle.

Ne serait-il pas illogique que le malfaiteur dont
nous avons parlé échappât à la relégation, tandis qu'elle
serait prononcée contre un individu déjà condamné à
plus de trois mois d'emprisonnement pour des faits
comparativement légers, remontant peut-être à plusieurs années et, dans tous les cas, jusqu'à moins de dix
ans ? Le législateur n'a pas voulu consacrer un pareil
résultat et nous pensons que les dispositions de l'article 4 de la loi de 1885 sont applicables sur ce point.
c'est-à-dire que la durée des peines subies ne devra pas
être comprise dans la période de moins de dix ans.

§ 2. — DISPOSITIONS GÉNÉRALES DE LA LOI DU 27 MAI 1885 APPLICABLES A LA RELÉGATION DES ANARCHISTES

Il y a lieu de décider pour les mêmes motifs que les
articles 5, 6, 7, 8, 9, 10, 11, 12, 13, 14, 15, 16, 17 et 18
de la loi du 27 mai 1885 sont applicables à la relégation
des anarchistes. Nous en rappellerons sommairement
les dispositions.

a) Grâce, réhabilitation et amnistie. — L'article 5 est ainsi conçu : « Les condamnations qui auront fait l'objet de grâce, commutation ou réduction de peine seront néanmoins comptées en vue de la relégation. Ne le seront pas celles qui auront été effacées par la réhabilitation. »

En ce qui concerne la *grâce*, on sait qu'elle a seulement pour effet d'affranchir le condamné de la peine, tout en laissant subsister la condamnation qui doit, par suite, être retenue pour servir à la relégation en cas de récidive.

Les condamnations effacées par la *réhabilitation* ne sont pas comptées en vue de la relégation, principe en harmonie avec l'article 634 de Code d'instruction criminelle modifié par la loi du 14 août 1885, aux termes duquel la réhabilitation efface la condamnation et fait cesser pour l'avenir toutes les incapacités qui en résultaient.

A plus forte raison, doit-il en être ainsi pour les condamnations couvertes par l'*amnistie*, qui anéantit les condamnations et les fait considérer rétroactivement comme n'ayant jamais existé.

b) Condamnés âgés de plus de soixante ans et de moins de vingt et un ans à l'expiration de leur peine. — La situation de ces condamnés est réglée par les articles 6, 7 et 8 de la loi du 27 mai 1885, que nous reproduisons : « Article 6. — La relégation n'est pas applicable aux individus qui seront âgés de plus de soixante ans ou de moins de vingt et un ans à l'expiration de leur peine.

Toutefois, les condamnations encourues par un mineur de moins de vingt et un ans compteront en vue de la relégation, s'il est, après avoir atteint cet âge, de nouveau condamné dans les conditions prévues par la présente loi. »

« Article 7. — Les condamnés qui auront encouru la relégation resteront soumis à toutes les obligations qui pourront leur incomber en vertu des lois sur le recrutement de l'armée.

Un règlement d'administration publique déterminera dans quelles conditions ils accompliront ces obligations. »

« Article 8. — Celui qui aurait encouru la relégation par application de l'article 4 de la présente loi, s'il n'avait pas dépassé soixante ans, sera, après l'expiration de sa peine, soumis à perpétuité à l'interdiction de séjour édictée par l'article 19 ci-après ; s'il est mineur de vingt et un ans, il sera, après l'expiration de sa peine, retenu dans une maison de correction jusqu'à sa majorité. »

c) *Le jugement ou l'arrêt prononçant la relégation devra viser expressément la condamnation antérieure* (art. 10 de la loi du 27 mai 1885).

d) *La procédure des flagrants délits établie par la loi du 20 mai 1863 ne sera jamais applicable lorsque la poursuite sera de nature à entraîner la relégation* (art. 11 de la loi du 27 mai 1885). Nous examinerons cette question plus bas au chapitre de la *procédure*.

Les autres articles, dont la reproduction serait fastidieuse, s'appliquent à l'exécution de la relégation. Les relégués anarchistes seront soumis aux mêmes règlements que les autres et il ne saurait subsister le moindre doute à cet égard, attendu que tous les amendements ayant pour but d'assurer un traitement de faveur aux condamnés en vertu de la loi du 28 juillet ont été repoussés par les Chambres.

MM. Brisson et Denèchau ont même déposé un amendement aux termes duquel la loi du 28 juillet 1894 ne dérogeait pas aux dispositions générales de la loi du 27 mai 1885 sur la relégation des récidivistes et cet amendement a été retiré sur la déclaration suivante du rapporteur, M. Lasserre : « Je renouvelle les déclarations que je faisais tout à l'heure à la tribune, à savoir que toutes les dispositions de notre droit sont applicables lorsqu'elles ne viennent pas heurter les dispositions de la loi actuelle. En conséquence, toutes les observations présentées par M. Brisson sont admises par la commission, en ce sens que toutes les dispositions contenues dans la loi sur la relégation sont applicables à la présente loi. »

ARTICLE 4

« Les individus condamnés en vertu de la présente loi
seront soumis à l'emprisonnement individuel, sans qu'il
puisse résulter de cette mesure une diminution de la durée
de la peine.

Les dispositions du présent article seront applicables
pour l'exécution de la peine de la réclusion ou de l'emprisonnement prononcée en vertu des lois du 18 décembre 1893
sur les associations de malfaiteurs et la détention illégitime
d'engins explosifs. »

Dans notre système pénitentiaire, l'emprisonnement
individuel ou régime cellulaire est de droit, depuis la
loi du 5 juin 1875, pour tous les condamnés à un emprisonnement d'un an et un jour et au dessous.

Les condamnés à une peine supérieure à un an et un
jour peuvent, sur leur demande, être soumis au régime
de l'emprisonnement individuel. Ils sont, dans ce cas,
maintenus dans les maisons de correction départemen-
tales jusqu'à l'expiration de leur peine, pourvu que
ces maisons soient organisées pour l'exécution du
régime cellulaire. Pour cette catégorie de condamnés,
l'emprisonnement individuel est donc facultatif, soit
pour eux, soit pour l'administration. Ils peuvent seulement demander le régime cellulaire, mais l'administration n'est pas obligée à faire droit à leur demande.

En conséquence, l'article 4 n'innove pas en ce qui concerne le mode de détention des condamnés à un an et un jour et au dessous, mais il déroge au droit commun pour les condamnés à une peine supérieure, dont il rend l'emprisonnement individuel obligatoire.

L'article 4 ajoute que, dans aucun cas, le régime cellulaire ne pourra entraîner une diminution de la durée de la peine. On sait, en effet, que, conformément à la loi du 5 juin 1875, la durée des peines de plus de trois mois d'emprisonnement subies sous le régime cellulaire est, de plein droit, réduite d'un quart. Le bénéfice de cette disposition ne sera pas appliqué aux individus condamnés en vertu de la loi contre les menées anarchistes.

Le paragraphe 2 de l'article 4 applique également le régime individuel à la peine de la réclusion ou de l'emprisonnement prononcée en vertu des lois du 18 décembre 1893 sur les associations de malfaiteurs et la détention illégitime d'engins explosifs. (Voir ces lois, 2ᵉ partie.)

Jusqu'à ce jour, la réclusion était toujours collective avec travail obligatoire. L'article 4, § 2, de la loi du 28 juillet 1894 a introduit dans notre système pénitentiaire la réclusion individuelle ou cellulaire.

Ce sont incontestablement des mesures très graves, mais elles se justifient pleinement par la nécessité absolue d'isoler les anarchistes condamnés, afin de ne pas leur donner l'occasion de propager leurs funestes idées dans un milieu particulièrement préparé à les mettre en pratique.

ARTICLE 5

« Dans les cas prévus par la présente loi et dans tous ceux où le fait incriminé a un caractère anarchiste, les cours et tribunaux pourront interdire, en tout ou partie, la reproduction des débats, en tant que cette reproduction pourrait présenter un danger pour l'ordre public.

Toute infraction à cette défense sera poursuivie conformément aux prescriptions des articles 42, 43, 44 et 49 de la loi du 29 juillet 1881 et sera punie d'un emprisonnement de six jours à un mois et d'une amende de 1,000 à 10,000 francs.

Sera poursuivie dans les mêmes conditions et passible des mêmes peines toute publication ou divulgation, dans les cas prévus au paragraphe 1ᵉʳ du présent article, de documents ou actes de procédure spécifiés à l'article 38 de la loi du 29 juillet 1881. »

§ 1. — DE L'INTERDICTION DE LA PUBLICATION DES DÉBATS

L'interdiction de rendre compte des débats judiciaires n'est pas une nouveauté dans notre droit, et nous la voyons consacrée depuis longtemps par la loi, tant en matière civile qu'en matière correctionnelle et criminelle.

L'article 87 du Code de procédure civile accorde aux tribunaux le droit de procéder à huis clos. Cette disposition a été reproduite en matière criminelle par l'article 64 de la Charte du 4 juin 1814, dans l'article 55 de celle du 14 août 1830 et enfin dans l'article 81 de la Constitution de 1848. La décision ordonnant le huis clos entraînait nécessairement l'interdiction de rendre compte des débats, et l'article 16 de la loi du 18 juillet 1828 punissait de 2,000 francs d'amende toute infraction à cette prohibition.

L'article 17 du décret du 17 février 1852 autorisa les tribunaux à interdire le compte rendu des procès dans toutes les affaires civiles, correctionnelles ou criminelles sous peine d'amende de 50 à 5,000 francs.

Enfin, l'article 39 de la loi du 29 juillet 1881 sur la presse, qui a abrogé le décret de 1852, a également conféré aux cours et tribunaux le droit d'interdire la publication des débats en matière civile seulement, ne laissant subsister pour les procès criminels que les dispositions de l'article 81 de la Constitution de 1848 permettant de prononcer le huis clos.

Il est certain que la décision ordonnant le huis clos entraîne l'interdiction de rendre compte des débats ; malheureusement les infractions à cette mesure ne comportent aucune sanction pénale depuis l'abrogation de l'article 17, § 2, du décret du 17 février 1852.

On a soutenu que le compte rendu d'un procès criminel ou correctionnel jugé à huis clos pourrait tomber sous le coup de l'article 38 de la loi sur la presse interdisant la publication de tous actes de procédure avant leur lecture en audience publique (DALLOZ, *Code pénal annoté, loi du 29 juillet* 1881, article 39, n° 65) ; mais cette opinion ne paraît pas devoir être suivie, l'article 38 s'appliquant exclusivement aux publications anticipées susceptibles de porter atteinte aux intérêts de l'accusation ou de la défense. (Bordeaux, 18 nov. 1873, D., 77, 5, 344 ; BARBIER, *Code de la presse*, t. II, p. 250.)

Rappelons aussi que l'article 39 de la loi sur la presse interdit de rendre compte des procès en diffamation où la preuve n'est pas admise, sauf la publication du jugement qui est seule autorisée.

Enfin, aux termes de l'article 3 de la loi du 26 juillet 1884, la reproduction des débats en matière de séparation de corps ou de divorce est défendue sous peine d'une amende de 100 à 2,000 francs.

a) L'interdiction du compte rendu édictée par l'article 5 de la loi sur les menées anarchistes est facultative.

Les cours et tribunaux apprécieront s'ils doivent ou non interdire la reproduction des débats, et il est permis de penser qu'ils n'useront de cette faculté qu'avec modération, car ils aiment rendre la justice au grand jour et ne se réfugient dans le secret qu'autant que la morale ou la sécurité publique l'exigent. Il serait difficile de formuler une règle sur le point de savoir dans quel cas il y aura lieu de prononcer l'interdiction de rendre compte des débats : les magistrats s'inspireront des circonstances, des dépositions des témoins ou des experts et surtout des discours de l'inculpé ou de son défenseur. Nous ne faisons pas aux membres du barreau l'insulte de croire qu'il pourrait s'en trouver un parmi eux dont les paroles fussent de nature à justifier l'interdiction du compte rendu ; mais il peut arriver qu'un anarchiste fasse présenter sa défense par un compagnon, comme cela s'est vu, et que les discours de cet avocat improvisé ne soient que l'apologie du crime et de l'anarchie. C'est dans ces conditions, et seulement dès qu'appa-

raîtra le danger de la divulgation, par la presse,
de déclarations ou de démonstrations faites par les
accusés, les témoins ou les experts, que les tribunaux
devront prononcer l'interdiction. C'est, autant que possible, au moment même où ces manifestations et ces
démonstrations se produiront que le ministère public
devra requérir l'interdiction de les publier.

Dans le cours de la discussion devant la Chambre des
députés, M. de Ramel a soutenu que, suivant les termes
de l'article 5, il ne pourrait pas en être ainsi et que
l'interdiction ne pourrait avoir lieu qu'au début ou à la
fin de l'audience. Nous ne voyons pas le motif de cette
distinction, et nous croyons que l'article 5, tel qu'il a
été voté, permet de procéder exactement comme cet
orateur l'indiquait à l'appui de son amendement : « Voici
comment se passeront les choses avec mon amendement, disait M. de Ramel. L'accusé fait l'apologie d'un
crime, d'un délit, ou de son crime ou de son délit; cette
apologie constitue aux yeux du tribunal un danger si elle
est publiée au dehors. Immédiatement, sur la réquisition
du ministère public, le tribunal ordonne que le discours
ou les réponses de l'accusé ne pourront pas recevoir de
publicité. Vous êtes dès lors obligés de reconnaitre qu'il
y a simultanéité entre le discours prononcé et la répression de ce discours sous la forme de l'interdiction de
publicité. Ce n'est ni avant ni au moment où la parole
est sur les lèvres de l'accusé, mais au moment où elle a
été prononcée, qu'elle peut être interdite. L'interdiction
doit être concomitante, immédiate, tandis qu'avec votre
système elle ne peut avoir lieu qu'au début ou à la fin
de l'audience. »

Le texte de l'article 5 stipule que les tribunaux pourront interdire le compte rendu de tout ou partie des débats ; mais il ne dit pas à quel moment cette interdiction devra être prononcée. Ce sera donc soit au début, soit à la fin, soit également pendant l'audience, c'est-à-dire pendant tout le cours des débats. Par conséquent, les tribunaux auront le droit d'interdire les passages dangereux au moment même où ils seront reconnus tels, et nous ajoutons qu'il est désirable que l'on procède ainsi, afin d'empêcher que des journaux plus pressés que d'autres aient publié une partie des débats avant même que la prohibition ait été prononcée.

Les magistrats de la Cour de Lyon ont interprété la loi dans ce sens libéral en n'interdisant pas, en bloc, le compte rendu des débats du procès de Caserio, soit dès le début, soit à la fin de l'audience, et leur sage décision a été généralement approuvée ; ils se sont bornés, dès que l'accusé a eu terminé la lecture de son factum, à en interdire immédiatement la publication, comme n'étant, sans doute, qu'un appel à la vengeance ; tout le reste du procès a joui de la plus entière publicité et a pu être dévoilé au grand jour par la presse.

La Cour de Paris n'a également prononcé que l'interdiction partielle du compte rendu du procès des trente anarchistes en défendant, dès le début de l'audience, la publication de l'interrogatoire de Sébastien Faure et de Jean Grave. Elle n'a pas prononcé d'interdiction pendant le cours des débats ; mais, avant le plaidoyer personnel de Sébastien Faure, M. l'avocat général a prévenu la presse qu'il ne prenait pas de réquisitions, par anticipation se réservant de le faire, le cas échéant, si les paroles de l'accusé justifiaient cette mesure. Finalement le compte rendu n'en fut pas interdit, l'apôtre de l'anarchie ayant jugé prudent de se faire, devant le jury, le plus doux des prédicateurs.

La Cour aurait-elle pu interrompre Sébastien Faure ou Caserio pour interdire la publication de la harangue du premier et du factum du second? C'était son droit incontestable, et il est probable qu'elle n'aurait pas hésité si elle avait jugé nécessaire.

Nous pensons même qu'après avoir prononcé par avance l'interdiction du compte rendu soit de l'interrogatoire, soit de la défense, les tribunaux pourraient lever cette interdiction pour la partie qui leur paraîtrait inoffensive. Supposons un inculpé qui présente sa défense et dont les premières paroles sont une explosion de haine et de violence. Le tribunal l'arrête et interdit la reproduction de son plaidoyer. Aussitôt il change de ton, se calme et ne sort plus des limites de la modération jusqu'au bout de son discours. Le tribunal pourra, s'il le juge à propos, lever l'interdiction pour la partie qui lui semblera sans danger pour l'ordre public, en ayant soin de préciser autant que possible le point où recommence la liberté du compte rendu.

b) La publication des jugements et arrêts ne pourra jamais être interdite. — L'interdiction édictée par l'article 5 s'applique seulement à tout ou partie des *débats*. Or, aux termes des articles 335 et 336 du Code d'instruction criminelle, les débats sont terminés lorsqu'après les dépositions des témoins et les dires respectifs des parties auxquels elles auront donné lieu, la partie civile ou son conseil et le ministère public ont été entendus sur les moyens d'accusation, et que l'accusé a épuisé ses moyens de défense. Tout ce qui suit, lecture de la déclaration du jury et arrêt définitif, est extrinsèque aux débats. La déclaration du jury ne pourrait donc, dans aucun cas, être soustraite à la publicité, et il en est de même du jugement.

Du reste, les travaux préparatoires de la loi éclairent cette question d'une manière complète et ne permettent de conserver aucun doute. M. Millerand avait p.oposé un amendement tendant à ajouter après les mots « reproduction des débats » ceux-ci : « sauf toutefois du jugement ou de l'arrêt ». Le Gouvernement déclara l'amendement inutile, parce que ni le jugement ni l'arrêt ne peuvent être considérés comme faisant partie des débats, et, à la suite des observations conformes de M. Boulloche, directeur des affaires criminelles et commissaire du Gouvernement, l'amendement de M. Millerand fut rejeté.

c) L'interdiction du compte rendu pourra-t-elle être appliquée aux débats sur la compétence ? — Oui, car on sait qu'il est bien difficile de plaider une question de compétence sans s'expliquer sur le fond, et cela sera vrai surtout lorsqu'il faudra décider si le fait incriminé a ou non le caractère anarchiste. Non seulement l'inculpé sera obligé de reprendre les faits qui lui sont imputés, de les expliquer et de les commenter, mais encore le ministère public devra, à son tour, donner les motifs de son interprétation, invoquer les antécédents du prévenu, ses relations, ses lectures, ses correspondances, examiner enfin sous toutes ses faces l'acte incriminé et établir qu'il est bien entaché d'anarchisme. « N'y aurait-il pas un véritable danger, disait M. Boulloche devant la Chambre des députés, dans une pareille hypothèse, à refuser au tribunal la faculté que lui donne le paragraphe 1er de l'article en discussion ? »

L'amendement présenté sur ce point fut également rejeté. Il n'est donc pas douteux que les tribunaux peuvent interdire même le compte rendu des débats sur l'exception d'incompétence, pourvu qu'ils constituent un danger sérieux pour l'ordre public.

d) La reproduction des cris anarchistes proférés par les condamnés après le jugement pourra-t-elle être interdite ? — On sait que les émules de Ravachol ont, comme lui, salué le verdict du jury par les cris de : « Vive la Révolution sociale ! Vive l'anarchie ! » et, avant de quitter la salle d'audience, Caserio n'a pas manqué de s'écrier : « Courage, camarades, et vive l'anarchie ! »

Il serait sans doute très désirable que ces exhortations, suprême appel du condamné aux représailles et à la vengeance, fussent étouffées, au lieu d'être portées par la presse aux anarchistes du monde entier ; mais, après les explications que nous venons de donner sur le sens du mot *débats*, nous nous trouvons nécessairement amenés à décider que rien de ce qui en suit la clôture ne peut être soustrait à la publicité. Il en eût été différemment si, adoptant les termes de l'article 39 de la loi du 29 juillet 1881, le législateur avait édicté l'interdiction du compte rendu des *procès*, sauf du jugement ou de l'arrêt.

e) La publication des débats peut être interdite dans tous les procès ayant un caractère anarchiste. — Les cours et tribunaux peuvent interdire le compte rendu non seulement des procès engagés en vertu de la loi du 28 juillet 1894, mais encore, stipule l'article 5, « dans tous les cas où le fait incriminé a un caractère anarchiste ». ·

On a longuement discuté pour déterminer quel sera le *criterium* sur ce point ; mais, hélas ! il ne nous semble pas difficile de le reconnaître, et, pour ne citer que les plus célèbres, il n'est douteux pour personne que les procès de Ravachol, d'Henry, de Vaillant et de ce monstre nommé Caserio étaient empreints du caractère anarchiste. On pourra, du reste, avec assez de certitude, considérer comme tels tous les procès se rattachant à la propagande des théories anarchistes ou à leur mise à exécution.

Mais il ne suffit pas que le procès ait un caractère anarchiste pour que le tribunal puisse interdire la reproduction des débats ; il faut que cette publication soit de nature à « présenter un danger pour l'ordre public ». Les tribunaux sont juges de la question de savoir où commence et où finit ce danger, mais ils ne pourraient pas arbitrairement défendre le compte rendu, et ils ne peuvent le faire qu'en motivant leur décision.

§ 2. — APPLICATIONS DE L'INTERDICTION DU COMPTE RENDU

L'exécution de l'article 5 a soulevé devant la Chambre des députés une série de questions très intéressantes qui se présenteront fréquemment dans la pratique et que nous devons examiner ici.

a) Journaux du soir. — Les journaux paraissant entre trois et six heures du soir se trouvent souvent dans l'impossibilité de publier les débats judiciaires complets, et on y voit, comme dans le *Temps*, par exemple, un discours ou un interrogatoire inachevé. Supposons qu'à la fin de l'interrogatoire ou du plaidoyer.

le tribunal en ait interdit la reproduction : les journaux du soir qui auront déjà publié une partie de ce document pourront-ils être poursuivis?

Avec le système que nous avons préconisé, ce cas se présentera rarement, parce que l'interdiction sera prononcée dès que des paroles dangereuses pour l'ordre public seront proférées. Voici l'interrogatoire d'un inculpé : dès le début ou dans le cours de cette formalité, le prévenu se montre violent, agressif, et le tribunal s'empresse d'en interdire la reproduction : il sera difficile, dans ces conditions, qu'aucun journal se soit mis en contravention de bonne foi.

Supposons, cependant, que l'interdiction n'ait été prononcée qu'à la fin de l'interrogatoire et qu'il se trouve des journaux donnant le compte rendu partiel et ayant été publiés avant même que la décision d'interdiction ait été prise. Il est évident qu'il n'y aura pas contravention, attendu qu'au moment où la publication aura été faite, elle n'était pas encore frappée d'interdiction. M. le garde des sceaux s'est, du reste, expliqué très nettement sur ce point à la tribune de la Chambre en disant : « S'il est établi que la publication a précédé l'interdiction, permettez-moi de vous rassurer : il n'y aura ni poursuite ni condamnation. »

Il sera donc prudent, pour le cas où des poursuites devraient être exercées, de faire soigneusement noter par le greffier l'heure à laquelle l'interdiction du compte rendu aura été prononcée.

b) Journaux étrangers. — La justice sera-t-elle désarmée contre les journaux étrangers qui, à la différence des journaux français, publieront les comptes rendus interdits? Assurément non. D'abord le Gouvernement a le droit de faire saisir ces journaux à la frontière et en France, et c'est ce qu'il a fait au lendemain du procès de Caserio, notamment pour le *Petit-Bleu* imprimé à Bruxelles et pour la *Tribuna* qui avaient publié des extraits du factum lu par l'accusé à l'audience. Il lui sera facile de savoir, à temps, par ses agents à l'Étranger, si les journaux publient les comptes rendus interdits, et d'en empêcher l'entrée sur le territoire de la République. Si cette défense a été violée et que des journaux étrangers publiant des comptes rendus interdits soient distribués ou mis en vente, les auteurs et les imprimeurs échapperont, sans doute, à toute répression; mais il n'en sera pas de même des distributeurs et des vendeurs. En effet, l'article 42 de la loi de 1881 déclare responsables des crimes et délits commis par la voie de la presse : 1° les gérants ou éditeurs; 2° à leur défaut, les auteurs; 3° à défaut des auteurs, les imprimeurs; 4° à défaut des imprimeurs, les vendeurs, distributeurs ou afficheurs. C'est aussi dans ce sens que M. le garde des sceaux s'est prononcé devant la Chambre des députés dans les termes suivants : « Il (M. Denéchau) m'a demandé ce que nous ferions vis-à-vis des journaux étrangers renfermant des comptes rendus interdits, qui pénétreraient en France. Je réponds : ne pouvant poursuivre ni l'auteur ni l'imprimeur de ces journaux, on poursuivra les vendeurs et les distributeurs [1]. »

c) *Journaux français publiant les débats de procès*

---

[1] Un vendeur de l'*Indépendance belge* qui paraît à Bruxelles et avait publié un résumé du factum de Caserio a été condamné par le tribunal de Valenciennes, par application de la loi du 28 juillet 1894.

anarchistes jugés par les tribunaux étrangers. — Le compte rendu de ces procès n'est pas interdit, les journaux pourront donc le publier librement, ainsi que l'a déclaré M. le garde des sceaux dans le discours qu'il a prononcé sur l'article 5. Cette publication offrira certainement moins de dangers que celle des procès jugés en France, mais elle ne sera cependant pas inoffensive. Les journaux honnêtes se borneront, sans doute, à publier un résumé sommaire de ces procès, mais il ne manquera pas de s'en trouver d'autres qui les publieront dans leur entier, dans l'unique objet d'apporter à leur clientèle anarchiste l'écho des imprécations des compagnons jugés à l'Étranger. Pour parer à ce danger le législateur se trouverait dans l'obligation d'interdire la publication de tous les procès anarchistes ; mais l'application de cette mesure donnerait lieu à des difficultés inextricables sur le point de savoir si les procès sont ou ne sont pas anarchistes. Quoi qu'il en soit et en l'état de notre législation, les journaux français conservent le droit de publier les comptes rendus des procès anarchistes qui se seront déroulés à l'Étranger.

d) Journaux étrangers publiant les comptes rendus des procès anarchistes étrangers. — Contre ces journaux le Gouvernement a le seul droit de saisie à la frontière et en France ; mais, à la différence des journaux étrangers publiant des comptes rendus des procès français frappés d'interdiction, ni leurs distributeurs ni leurs vendeurs ne peuvent être inquiétés, aucun texte ne leur étant applicable.

§ 3. — Poursuites et pénalités des infractions a l'interdiction des comptes rendus

Les infractions à l'interdiction des comptes rendus seront poursuivies, dit le paragraphe 2 de l'article 5, conformément aux prescriptions des articles 42, 43, 44 et 49 de la loi du 29 juillet 1881, et seront punies d'un emprisonnement de six jours à un mois et d'une amende de 1,000 à 10,000 francs.

L'article 42, que nous avons rappelé plus haut, énumère les personnes qui peuvent être retenues comme auteurs principaux des crimes et délits commis par la voie de la presse.

L'article 43 décide que, lorsque les gérants et éditeurs sont en cause, les auteurs doivent être poursuivis comme complices. L'article 44 déclare les propriétaires des journaux et écrits périodiques responsables des condamnations pécuniaires prononcées au profit des tiers.

Enfin, l'article 49 autorise la saisie de quatre exemplaires lorsque le dépôt légal n'a pas été effectué. En dehors de cette hypothèse, il ne permet la saisie que dans les cas prévus aux articles 24, § 1 et 3, et 25, et l'arrestation préventive que dans ceux des articles 23, 24, § 1 et 3, et 25 (provocation, apologie et excitation des militaires à l'indiscipline). En conséquence, ni l'une ni l'autre de ces mesures ne sauraient être prises contre les auteurs responsables des reproductions interdites des débats.

§ 4. — Des publications d'actes de procédures criminelles ou correctionnelles faites avant l'audience

Le paragraphe 3 de l'article 5 punit la publication, faite avant leur lecture à l'audience, d'actes de procédures criminelles ou correctionnelles, ayant un caractère anarchiste, des mêmes peines que les infractions à l'interdiction des comptes rendus (six jours à un mois d'emprisonnement et 1,000 à 10,000 francs d'amende).

Les actes de procédure dont il s'agit sont ceux visés par l'article 38 de la loi sur la presse, qui interdit la publication des « actes d'accusation et de tous autres actes de procédure criminelle ou correctionnelle avant qu'ils aient été lus en audience publique, et ce sous peine d'une amende de 50 francs à 1,000 francs ».

Ainsi qu'on le voit, la peine prononcée par l'article 38 de la loi de 1881 est considérablement augmentée lorsque les actes publiés prématurément font partie d'une procédure anarchiste. Il y a donc un intérêt sérieux à déterminer dans quels cas le paragraphe 3 de l'article 5 sera applicable.

Il vise « toute publication ou divulgation dans les cas prévus au paragraphe 1er du présent article ». Or, le paragraphe 1er de l'article 5 s'applique aux « cas prévus par la présente loi et à tous ceux où le fait incriminé a un caractère anarchiste ».

Le paragraphe 3 frappe donc la publication anticipée des actes de procédure : 1° de tous les procès relevant de la loi du 28 juillet 1894 ; 2° de tous ceux ayant un caractère anarchiste.

a) Publication anticipée d'actes de procédure relevant de la loi du 28 juillet 1894. — Ces procédures seront suivies soit en vertu de l'article 1er, soit en vertu de l'article 2 de la loi, et nous devons envisager successivement chacune de ces hypothèses.

1° Plaçons-nous d'abord dans le cas de l'article 2, qui ne paraît pas offrir de difficultés : l'anarchiste Paul est poursuivi devant le tribunal correctionnel pour apologie non publique du crime. Pierre publie dans son journal, avant l'audience, le réquisitoire du ministère public et il est cité à son tour en police correctionnelle. Il tombe indubitablement sous le coup de l'article 5, § 3, de la loi du 28 juillet 1894, parce que la publication qu'il a faite concerne un procès engagé en vertu de l'article 2 de la même loi. C'est vainement qu'il essayerait de soutenir que la poursuite dirigée contre Paul n'a pas le caractère anarchiste; il suffit qu'elle soit exercée par application de la loi du 28 juillet pour qu'il soit frappé de l'aggravation de la peine édictée par l'article 5.

2° Supposons maintenant que Paul est poursuivi en police correctionnelle en vertu de l'article 1er pour une provocation publique ayant, suivant le ministère public, le caractère anarchiste, et que Pierre publie également, avant l'audience, soit le réquisitoire du parquet, soit tout autre acte de procédure.

Ici, le délit principal de provocation commis par Paul ne tombera sous le coup de la loi du 28 juillet que s'il est reconnu comme se rattachant à la propagande anarchiste. Par conséquent, Pierre, lui aussi, ne pourra être frappé par l'article 5 de cette loi que si le délit de Paul est entaché d'anarchisme. Devant le tribunal il s'attache à démontrer que le fait imputé à Paul est absolument étranger à la propagande anarchiste ; mais les juges, repoussant son système de défense, déclarent que la poursuite dirigée contre Paul est bien de nature anarchiste et condamnent, en vertu de l'article 5, §3, le gérant du journal qui a fait la publication.

A son tour, Paul vient ensuite devant le tribunal et soulève l'exception d'incompétence basée sur ce que la provocation qui lui est imputée n'est pas un acte de propagande anarchiste. Le tribunal rejette également son exception et statue sur le fond par application de l'article 1er.

Dans ces deux hypothèses, aucune difficulté ne peut être soulevée, puisqu'il y a concordance entre les deux jugements.

Mais, après que Pierre aura été condamné en vertu du paragraphe 3, pour publication d'un acte de procédure reconnue relative à des faits anarchistes, il pourra arriver que le tribunal, saisi du procès principal contre Paul, décide que le délit de provocation relevé contre lui n'a pas de caractère anarchiste et se déclare incompétent. Cela pourra d'autant mieux se produire que, tandis que le délit principal sera poursuivi à Paris, par exemple, la publication des actes de procédure aura été faite à Lyon ou à Marseille et sera, par conséquent, jugée par des magistrats différents.

Il y aura donc, dans ce cas, contradiction entre les deux décisions, et, pour échapper aux sévères pénalités de l'article 5, Pierre devra relever appel du jugement qui l'aura condamné, demander à la Cour de sanctionner la chose jugée en faveur de Paul quant au défaut de caractère anarchiste, et de prononcer seulement l'application des peines de l'article 38 de la loi sur la presse.

Pour éviter cette contradiction possible entre les deux décisions, il sera prudent d'attendre que le tribunal ait statué sur le délit principal, pour diriger des poursuites contre les auteurs de la publication d'actes de procédure. Si le tribunal reconnaît au délit le caractère anarchiste, le parquet relèvera contre eux l'infraction au paragraphe 3 de l'article 5 ; s'il en est différemment, c'est l'article 38 de la loi sur la presse qu'il y aura lieu d'invoquer. Dans ces conditions, il y aura déjà chose jugée sur la nature du délit principal et il ne pourra se produire ni contestations ni contradictions de décisions sur ce point.

b) Publication de pièces de procédures ayant un caractère anarchiste. — Il se produira nombre d'hypothèses où le caractère anarchiste du procès ne sera pas contestable et où la publication seule du document divulgué aura suffi pour renseigner son auteur (s'il les ignorait !) sur les affinités du crime ou du délit avec l'anarchie. Personne notamment n'aurait pu se méprendre sur le caractère anarchiste des procès de Ravachol, de Vaillant ou de Caserio, et les auteurs de la publication des actes de ces procédures n'auraient pas pu échapper aux dispositions du paragraphe 3.

Mais de nombreux cas se présenteront aussi où il sera difficile de se prononcer sur le caractère anarchiste du crime ou du délit. Il s'agit, par exemple, d'un assassinat commis par un anarchiste, non pas tant pour appliquer ses prétendues idées que parce qu'il est un vulgaire gredin comme tous ses congénères, du reste, uniquement guidé par la cupidité comme Ravachol, à Chambles et ailleurs. Le caractère anarchiste du procès est discutable, comme on le voit, et, s'il se produit une publication anticipée de pièces de la procédure, quelle voie devra-t-on prendre? Est-ce l'article 38 de la loi sur la presse qui sera applicable ou le paragraphe 3 de notre article 5?

Le ministère public appréciera; mais, dans le doute, il conviendra de s'en tenir à la qualification la plus faible. Supposons cependant qu'il a adopté la plus forte, c'est-à-dire relevé le caractère anarchiste du procès principal et demandé l'application du paragraphe 3 de l'article 5. Dans ce cas, le tribunal sera juge de la question et décidera s'il y a lieu d'appliquer ce texte ou seulement l'article 38 de la loi de 1881, suivant que le fait principal lui paraîtra se rattacher ou non à l'anarchie.

ARTICLE 6

« Les dispositions de l'article 463 du Code pénal sont applicables à la présente loi ».

DES CIRCONSTANCES ATTÉNUANTES. — LOI BÉRENGER
PRESCRIPTION. — PROCÉDURE

Nous ne prévoyons pas de difficultés d'application de cet article, qui a été adopté sans discussion à la Chambre des députés. Nous nous bornerons donc à signaler que l'article 64 de la loi sur la presse, qui oblige le juge à abaisser la peine à la moitié du maximum lorsque les circonstances atténuantes sont accordées à l'inculpé, est applicable aux délits prévus par l'article 1er, c'est-à-dire à la provocation, à l'apologie, à l'excitation des militaires à la désobéissance, commises par les moyens visés à l'article 23 de la loi sur la presse. En conséquence, en ce qui concerne ces délits, lorsque le tribunal prononcera l'application de l'article 463, la peine ne pourra pas dépasser deux ans et demi d'emprisonnement et 1,500 francs d'amende.

Une autre conséquence qu'il faut noter, c'est que l'article 63 de la loi de 1881, édictant que l'aggravation des peines de la récidive n'atteindra pas les faits de presse, sera applicable aux délits de l'article 1er.

DE LA LOI DU 26 MARS 1891 OU LOI BÉRENGER

On s'est demandé, à propos de l'article 6, si la loi du
26 mars 1891, connue sous le nom de loi Bérenger,
serait applicable aux délits prévus par la loi du 28 juillet 1894. Un amendement fut déposé dans ce sens à la
Chambre de députés; mais il fut retiré, le rapporteur
ayant déclaré, à plusieurs reprises, que la loi du
26 mars 1891 s'appliquait à l'ensemble de notre législa-
lation pénale et, par conséquent, à la loi en discussion
(séance du 26 juillet 1894).

DE LA PRESCRIPTION

La loi est muette sur la prescription des délits qu'elle
vise. Il faut donc leur appliquer le droit commun.

Les faits prévus par l'article 1er, qui sont des délits
de presse proprement dits, bénéficieront de la prescription spéciale de la loi de 1881. En conséquence : 1° la
provocation au meurtre, au pillage, à l'incendie, aux
explosions, au vol ou à un crime contre la sûreté extérieure de l'État : 2° l'apologie du meurtre, du pillage,
de l'incendie, de l'explosion ou du vol ; 3° l'excitation
des militaires à la désobéissance, publiques et relevant
de l'article 1er de la loi sur les menées anarchistes, se
prescriront par trois mois.

Il en sera de même des infractions à l'article 5 de la
loi, c'est-à-dire de la publication des comptes rendus
interdits (§ 2), et des pièces de procédure qui n'ont pas
été lues à l'audience (§ 3).

Tous les autres délits punis par la loi du 28 juillet 1894, c'est-à-dire la propagande anarchiste et l'excitation des militaires à la désobéissance, non publique, anarchiste ou non anarchiste, seront soumis à la prescription générale de trois ans.

Au premier abord, on est choqué de constater que les délits visés par la même loi seront soumis à deux prescriptions différentes ; mais, après examen, cette situation se justifie aisément. D'une part, il était difficile, et dans tous les cas inutile, de soustraire les délits de l'article 1er, véritables délits de presse, anarchistes sans doute, mais commis avec publicité, à la prescription spéciale de trois mois. Ces délits sont commis par les journaux ou bien dans des réunions et lieux publics ; ils sont portés immédiatement à la connaissance du parquet, et l'on ne comprendrait pas qu'il attendît plus de trois mois pour diriger des poursuites. Il n'y avait donc aucun intérêt à modifier la prescription sur ce point.

Quant aux autres délits institués par la loi, ils auront été commis sans publicité, ne parviendront pas immédiatement à la connaissance du parquet, auquel ils ne seront révélés peut-être que longtemps après, lorsqu'un événement imprévu déliera les langues que la crainte avait jusque-là retenues, et alors ne serait-il pas dangereux et injuste d'enfermer l'action publique dans un délai de trois mois ? « Mais quoi ! disait M. de Ramel devant la Chambre des députés, il s'agit de « paroles prononcées dans l'intimité du foyer, dans le tête-à-tête, dans la confidence ; c'est la pensée à peine éclose, on l'a dit, sur les lèvres, essentiellement éphémère et passagère, et c'est au bout de deux ans onze mois vingt-

neuf jours que vous voulez pouvoir dire à quelqu'un :
En un certain lieu particulier et privé, dans l'intimité
du tête-à-tête, alors que les portes étaient fermées, il y
a trois ans moins un jour, vous avez tenu tel propos
imprudent! venez vous en justifier. »

A cela M. le commissaire du Gouvernement répondit
que la prescription de trois mois serait injustifiable
pour les délits commis sans publicité, dont le ministère
public n'aura pas la preuve immédiate et qu'il devra
établir par les mêmes moyens d'information que les
délits ordinaires, commis le plus souvent en l'absence
de témoins, et ne se prescrivant cependant que par trois
ans. « Pourquoi? disait M. Boulloche. C'est qu'on a
jugé que, sous peine de compromettre les intérêts de la
répression, il était nécessaire d'accorder un délai de
trois années pour l'exercice de l'action publique. » Il
n'y a donc pas d'anomalie dans la loi sur ce point; elle
est, au contraire, logique et ne mérite pas les reproches
qui lui ont été adressés.

DE LA PROCÉDURE

La loi règle seulement la procédure à suivre pour les
infractions à l'article 5 (publication des comptes rendus
interdits et des actes de procédure avant leur lecture à
l'audience); mais elle ne fixe pas les formes de la poursuite des délits visés aux articles 1 et 2. Dans le silence
de la loi, c'est aux principes généraux qu'il faut avoir
recours.

Lorsque le ministère public est saisi d'un délit, trois
voies s'ouvrent devant lui, et il peut : soit poursuivre

d'urgence en vertu de la loi du 20 mai 1863 sur les flagrants délits, sauf dans certains cas spéciaux (délits de presse, relégation), soit citer directement, soit requérir une information.

Faisons l'application de cette pratique aux délits de notre loi et distinguons encore entre ceux qui font l'objet de l'article 1ᵉʳ et ceux visés par l'article 2.

a) Les premiers bénéficieront de toutes les garanties, de tous les privilèges dont jouissent les délits de presse. D'abord, ils ne pourront jamais être poursuivis en vertu de la loi sur les flagrants délits (art. 7 de la loi du 20 mai 1863); le ministère public devra soit citer directement le prévenu, soit requérir une information, et, dans ces cas, le réquisitoire et la citation devront être établis conformément aux règles édictées par les articles 48 et 50 de la loi sur la presse, qui exigent l'articulation précise et la qualification des faits, ainsi que l'indication des textes invoqués.

Enfin, l'article 49 de la loi sur la presse, modifié par la loi du 12 décembre 1893, sera applicable, et le juge d'instruction pourra recourir à la saisie et à l'arrestation préventives.

b) Tous les autres délits relevant de l'article 2 seront poursuivis conformément aux règles du Code d'instruction criminelle et de la loi du 20 mai 1863, le cas échéant.

Le ministère public pourra donc agir soit par la procédure des flagrants délits, soit par citation directe, soit par voie d'information.

Il y aura, toutefois, une exception à cette règle lorsque la relégation sera encourue, et, dans ce cas, il ne pourra être procédé ni en vertu de la loi sur les flagrants délits (art. 11 de la loi du 27 mai 1885), ni par voie de citation directe.

Notre solution est conforme à l'avis exprimé à plusieurs reprises devant la Chambre des députés par M. le garde des sceaux et M. le commissaire du Gouvernement, notamment à la séance du 25 juillet, où M. Guérin, ministre de la Justice, s'exprimait ainsi : « Messieurs, l'honorable M. Viviani, en accumulant ses amendements, nous invite à faire aux anarchistes une situation spéciale, une situation véritablement privilégiée ; il nous invite à accomplir en leur faveur une réforme complète du Code d'instruction criminelle. Eh bien ! c'est ce que je me refuse à faire et je réponds en deux mots à ses objections. Il sait aussi bien que moi que, à l'égard des auteurs de faits prévus à l'article 1er, la procédure des flagrants délits ne s'applique pas ; que, dans tous les cas où la relégation peut être encourue, la procédure des flagrants délits n'est pas applicable. Quant aux autres prévenus qui pourront comparaître devant le tribunal correctionnel et qui n'encourront pas la relégation, je réponds qu'il n'y a aucun motif, aucune raison pour réformer à leur égard le Code d'instruction criminelle. Ce n'est pas parce que ce sont des anarchistes que nous leur devons des privilèges. »

Une fois devant le tribunal, la procédure ne paraît devoir donner lieu à aucune difficulté nouvelle, si ce n'est sur la question de compétence dont nous dirons un mot en finissant notre modeste travail.

L'exception d'incompétence pour défaut de caractère anarchiste dans le fait incriminé ne pourra être soulevée que dans les cas de l'article 1er, qui relèvent de la police correctionnelle s'ils sont entachés d'anarchisme, et de la Cour d'assises s'ils en sont exempts. Les inculpés de cette catégorie pourront donc seuls soulever l'exception préjudicielle de ce chef et demander leur renvoi devant le jury.

Il en sera différemment des poursuites exercées en vertu de l'article 2. Dans ce cas, le caractère anarchiste, le but de propagande, sont un élément essentiel du délit, et les contestations sur ce point auront pour objet non la modification de la compétence, mais la culpabilité ou l'innocence, la condamnation ou l'acquittement des inculpés.

Telle est cette loi dont le Gouvernement prit l'initiative à la suite de l'assassinat de M. Carnot, président de la République, commis à Lyon, le 24 juin 1894, pendant les fêtes de l'Exposition. Nulle discussion ne fut plus longue ni plus orageuse ; aussi les travaux préparatoires apportent une lumière complète sur l'esprit et les dispositions de la nouvelle loi, qui sera, en somme, dans les mains de la société, une arme utile pour combattre la propagande anarchiste contre laquelle elle est uniquement dirigée, et qu'on ne saurait confondre avec une propagande politique quelconque. « La loi qui vient d'être promulguée, dit M. le garde des sceaux dans sa circulaire, a pour objet la répression des menées anarchistes et ne saurait dès lors, à un degré quelconque,

constituer une menace pour ceux qui s'efforcent de faire
triompher leurs doctrines par des moyens légaux; elle
ne doit et ne peut atteindre que les partisans de la propagande par le fait. » C'est suivant cette règle et cet
esprit, tracés, pour ainsi dire, à chaque ligne du texte,
que, pour être féconde, elle devra être appliquée avec
persévérance et sagacité.

ANNEXES

ANNEXE N° 1

Circulaire de M. le garde des sceaux, ministre de la Justice, sur l'application de la loi du 28 juillet 1894.

Paris, le 6 août 1894.

MONSIEUR LE PROCUREUR GÉNÉRAL,

Au cours de la discussion qui a précédé le vote de la loi du 28 juillet 1894, le Gouvernement a eu à maintes reprises l'occasion de préciser le caractère et la portée des dispositions législatives qu'il soumettait au Parlement. La loi qui vient d'être promulguée a pour objet la répression des menées anarchistes. Elle ne saurait, dès lors, à un degré quelconque, constituer une menace pour ceux qui s'efforcent de faire triompher leurs doctrines par les moyens légaux. Votée par le Parlement pour défendre la sécurité publique menacée, elle ne doit et ne peut atteindre que les partisans de la propagande par le fait. La volonté très formelle du législateur trouve à cet égard, dans le texte même de la loi, le commentaire le plus explicite.

L'article 1er attribue aux tribunaux correctionnels la connaissance des délits de provocation au vol, aux crimes de meurtre, de pillage, d'incendie et de destruction par explosifs et d'apologie de ces mêmes crimes, ainsi que du délit de provocation à des militaires pour les détourner de leurs devoirs, dans le cas où ces délits ont pour but un acte de propagande anarchiste. Il en est de même des provocations à l'un des crimes et délits contre la sûreté extérieure de l'État prévus par les articles 75 et suivants, jusques et y compris l'article 85 du Code pénal. Vous remarquerez qu'aucune modification n'a été apportée aux éléments constitutifs de ces diverses infractions. Pour être punissable en vertu de l'article 24 de la loi du 29 juillet 1881, la provocation au vol, aux crimes de meurtre, de pillage, d'incendie, etc., devra, même dans le cas où elle sera déférée aux tribunaux correctionnels, avoir été directe et faite publiquement. D'autre part, les individus qui seront convaincus de s'en être rendus coupables continueront à bénéficier du régime de faveur créé par la loi du 29 juillet 1881, tant au point de vue de la prescription, de la non-applicabilité des règles de la récidive, qu'au point de vue de l'influence de l'admission des circonstances atténuantes sur la durée de la peine. Le caractère anarchiste de la provocation ou de l'apologie n'aura d'autre conséquence que de justifier, le cas échéant, la compétence des tribunaux correctionnels. Les magistrats instructeurs devront dès lors, en tenant compte tant des antécédents du prévenu que des circonstances mêmes de l'affaire, s'efforcer de dégager nettement le but poursuivi par l'auteur de l'infraction, de manière à déterminer avec une certitude absolue la juridiction qui devra en connaître.

L'innovation la plus importante de la loi consiste dans la possibilité d'atteindre désormais la propagande anarchiste qui s'exerce en dehors des conditions de publicité exigées par l'article 23 de la loi du 29 juillet 1881. Non moins dangereuse ni moins coupable que la propagande publique, la propagande clandestine a été trop longtemps assurée de l'impunité. Il était indispensable de pouvoir mettre un terme à ces conciliabules secrets dans lesquels les partisans de l'anarchisme préparent leurs auditeurs à devenir les instruments de leurs desseins criminels. L'article 2 précise les conditions auxquelles est subordonnée l'existence du délit. La propagande anarchiste non publique ne sera punissable que si elle se caractérise ou par des provocations adressées à des militaires pour les détourner de leurs devoirs militaires ou par une incitation à commettre soit un vol, soit les crimes de meurtre, de pillage, d'incendie, soit les crimes prévus par l'article 435 du Code pénal. L'énumération intentionnellement limitative de l'article 2 exclut toute possibilité d'arbitraire dans l'application de la loi.

Il convient d'observer que ces infractions, qui seront toujours déférées aux tribunaux correctionnels, n'existeront que si elles ont été commises dans un but de propagande anarchiste. Une seule exception a été faite en ce qui concerne les provocations adressées à des militaires pour les détourner de leurs devoirs militaires et de l'obéissance qu'ils doivent à leurs chefs. La nécessité de mettre la discipline, c'est-à-dire l'existence même de l'armée, à l'abri de toute atteinte exige que toute provocation à la désobéissance puisse être réprimée, lors même qu'elle ne présenterait pas un caractère de propagande anarchiste. Il a paru toutefois qu'il y avait lieu d'atténuer dans cette hypothèse la rigueur de la répression.

Les conditions dans lesquelles se pratique la propagande clandestine rendront particulièrement délicate la tâche des magistrats instructeurs. S'ils peuvent avoir recours à tous les modes de preuve autorisés par le Code d'instruction criminelle, ils n'en devront pas moins se mettre en garde contre des dénonciations ou des dépositions qui seraient inspirées par un sentiment de haine ou de vengeance. Aussi bien la condamnation ne pourra être prononcée sur l'unique déclaration d'une personne affirmant avoir été l'objet de l'une des incitations énumérées dans l'article 2. En exigeant que cette dénonciation soit corroborée par un ensemble de charges établissant la culpabilité, le législateur a indiqué de quelles garanties il entendait entourer la constatation du délit.

Toutes les condamnations prononcées, soit en vertu de la présente loi, soit en vertu des lois du 18 décembre 1893 sur les associations de malfaiteurs et la détention illégitime d'explosifs, seront, quelle qu'en soit la durée, subies sous le régime de l'emprisonnement individuel. La peine de la relégation pourra être édictée contre tout individu qui, condamné à une peine supérieure à une année d'emprisonnement pour les faits spécifiés dans les articles 1 et 2 de la présente loi, aura encouru antérieurement, dans une période de moins de dix ans, soit une condamnation à plus de trois mois d'emprisonnement, en vertu desdits articles, soit une condamnation à la peine des travaux forcés, de la réclusion, ou de plus de trois mois d'emprisonnement pour crime ou délit de droit commun. Les tribunaux devront faire usage de la peine accessoire de la relégation, toutes les fois qu'un intérêt de préservation sociale leur paraîtra l'exiger.

La faculté accordée aux tribunaux d'interdire en tout ou en partie la reproduction des débats auxquels donnent lieu les crimes ou les délits ayant un caractère anarchiste apparaît comme le complément logique et nécessaire des mesures prises pour entraver la propagande anarchiste. Si la liberté la plus grande doit être laissée au prévenu à l'audience, dans l'intérêt de sa défense, il importe cependant au plus haut point que l'usage même de cette liberté n'offre pas de danger pour l'ordre public. Les tribunaux ne devront donc pas hésiter à interdire la reproduction des débats toutes les fois que cette reproduction totale ou partielle leur paraîtrait de nature à pouvoir favoriser le développement de la propagande anarchiste. De votre côté, dans le cas où, au mépris de la défense prononcée par les tribunaux, la reproduction des débats auroit lieu, vous ne manquerez pas de provoquer contre les contrevenants l'application rigoureuse des pénalités édictées par l'article 5.

Il ne vous échappera pas, monsieur le procureur général, que la loi du 28 juillet 1894 risquerait de demeurer inefficace si vous n'apportiez à en assurer l'application autant de vigilance que de fermeté. Mon honorable prédécesseur, signalant les modifications qui venaient d'être introduites par les lois des 13 et 18 décembre 1893 dans notre législation pénale, rappelait que, pour combattre efficacement la propagande anarchiste, les magistrats et les fonctionnaires de l'ordre administratif doivent se prêter un mutuel concours. Je ne saurais mieux faire que de vous inviter à suivre strictement ces instructions. J'ai le ferme espoir que, grâce à l'action énergique et continue des parquets, la loi du 28 juillet 1894 produira tous les résultats utiles que le pays a le droit d'en attendre.

Je vous prie de m'accuser réception de la présente circulaire, dont je vous envoie un nombre suffisant d'exemplaires pour les parquets de votre ressort.

Recevez, monsieur le procureur général, l'expression de ma considération très distinguée.

Le garde des Sceaux, ministre de la Justice,

E. GUÉRIN.

ANNEXE N° 2

*RAPPORT fait au nom de la Commission [1] chargée
d'examiner le projet de loi tendant à réprimer les
menées anarchistes, par M. MAURICE LASSERRE,
député.*

MESSIEURS,

« C'est rendre hommage au principe de liberté, disait
M. Lisbonne dès le début de son remarquable rapport sur la
loi du 29 juillet 1881, que de poser pour limite à la liberté
de chacun la liberté d'autrui. »

A notre tour, nous venons aujourd'hui affirmer qu'au sein
de votre commission, exclusivement composée de républicains, nous n'avons pas perdu de vue les distinctions essen-
tielles qui différencient ce qui est l'expression d'une opinion,
d'une doctrine, d'une tendance, et ce qui n'est qu'un acte
pouvant amener un trouble social, capable de compromettre
la sécurité publique ou de porter atteinte à la liberté d'autrui

Les mesures que nous vous proposons de voter, d'accord
avec le Gouvernement, n'ont d'autre but que de garantir la
liberté générale contre les écarts de la liberté particulière.

Et, en vérité, à quelle liberté particulière portons-nous

---

[1] Cette Commission est composée de MM. Audiffred, président ;
Constant, secrétaire : Pourteyron, Denécheau, Fruchier, Louis Jour-
dan (Lozère), Maurice Lasserre, Flandin, Loriot, Goirand, André
Lebon (Deux-Sèvres).

atteinte? A la liberté de l'incitation au vol, au meurtre, au pillage, à l'incendie, à la destruction par les explosifs, à la liberté de la glorification et de l'apologie de crimes et délits de droit commun.

Est-ce là une liberté respectable?

Une législation qui tolère une semblable liberté échappe-t-elle au reproche de confondre la liberté avec la licence, et peut-elle se flatter d'éviter le danger de voir les citoyens se détourner de la liberté elle-même à raison de l'horreur que peuvent leur inspirer ses abus?

Et puis, une autre considération dicte nos résolutions au moment où nous soumettons à votre vote les mesures que nous allons rapidement analyser : c'est la nécessité où se trouve aujourd'hui acculée la société de se défendre contre ceux qui nient le principe même de son existence.

Les progrès effrayants de l'anarchie depuis quelques années, les attentats nombreux dont nous avons été les témoins attristés, l'audace croissante des individus qui, après une odieuse tentative contre la représentation nationale, ont plongé la France dans le deuil en assassinant celui qui incarnait à la fois la Patrie et la République, ont dû ouvrir les yeux aux plus incrédules et leur faire nettement apparaître le danger.

Non, il ne s'agit plus, comme quelques-uns ont pu le supposer au début, de faits isolés, sans lendemain, imputables à tels ou tels déséquilibrés. Mais nous sommes bien en face d'un véritable parti organisé, d'une secte ayant ses chefs et ses soldats, faisant une incessante et active propagande pour grossir ses rangs. Nous voyons se dresser devant nous une armée : l'armée du crime.

L'heure est décisive. Il est temps d'agir.

La société est menacée ; nous avons le droit et le devoir de la défendre.

Nous sommes en état de légitime défense.

Les mesures que nous commandent les circonstances sont de deux ordres :

Nous devons, d'une part, par des mesures préventives, atteindre la propagande, c'est-à-dire empêcher les anarchistes de recruter de nouveaux adhérents.

Nous devons, d'autre part, par des mesures énergiques, pouvoir mettre hors d'état d'exécuter leurs funestes desseins ceux qui déjà sont contaminés.

Le projet soumis à vos délibérations répond à ces deux préoccupations.

Nous allons essayer de justifier notre affirmation en examinant les divers articles du projet de loi :

L'article 1er vise les infractions prévues par les articles 24 et 25 de la loi du 29 juillet 1881, modifiés par la loi du 13 décembre 1893. Aucune innovation n'est introduite en ce qui touche le caractère de ces infractions ni les moyens à l'aide desquels elles peuvent être commises et dont l'énumération se trouve dans l'article 23 de la loi du 29 juillet.

Nous innovons en ce qui touche la juridiction.

Nous vous demandons de déférer aux tribunaux de police correctionnelle les délits des articles 24, paragraphes 1 et 3, et 25.

Les adversaires de la loi ne manqueront pas de dire que c'est là un acte de défiance à l'endroit du jury.

Nous protestons immédiatement avec la plus grande énergie contre semblable interprétation de nos décisions.

Non, nous ne faisons pas aux honnêtes citoyens qui siègent aux assises en qualité de jurés l'injure gratuite de les supposer capables de se montrer trop faibles ou de céder à des menaces. Nous rendons, au contraire, un public hommage à leur courage et à leur fermeté dans toutes les circonstances où l'action publique a fait appel à eux contre l'anarchie.

Nous restons convaincus que, gardiens des droits de la

société, ils sauraient continuer à la protéger et à la défendre. Et c'est pourquoi on n'a jamais songé à leur retirer la connaissance des crimes, même commis par les anarchistes.

Mais, il faut le dire, car c'est la vérité, en matière de délit une répression rapide est seule efficace. Il faut, pour reprendre les expressions de M. le garde des sceaux devant la commission, répondre à la brutalité de l'attaque par la rapidité de la répression, et je crois inutile de démontrer que la juridiction de la Cour d'assises entraîne des lenteurs forcées, inévitables, qui nuisent à l'efficacité et, partant, à l'exemplarité de la répression. Il ne peut y avoir sur ce point aucune contestation sérieuse.

Bien que cette raison, principalement invoquée par le Gouvernement, puisse suffire à elle seule à dicter votre vote, nous invoquons une autre raison plus décisive encore à nos yeux : les délits anarchistes sont des délits de droit commun ; il est logique, rationnel, nécessaire de les déférer aux tribunaux de droit commun, sans s'arrêter à rechercher à l'aide de quels moyens le délit a été commis.

La loi du 29 juillet 1881 crée un certain nombre de privilèges. « Elle déroge au droit commun, dit M. le garde des sceaux dans la circulaire du 9 novembre 1881, relative à l'application de la loi sur la presse, en ce qui concerne la juridiction, la responsabilité pénale, la procédure, la saisie, la détention préventive, la récidive, les circonstances atténuantes, le cumul. »

En modifiant, au mois de décembre 1893, l'article 49 de la loi du 29 juillet, nous avons soustrait les anarchistes à la situation privilégiée dont ils se réclamaient en ce qui touche à la saisie et à la détention préventive, mais ils continuent à bénéficier de la juridiction spéciale, et à bénéficier aussi des faveurs concédées par les articles 43, 63, 64 et 65 de la loi sur la presse.

Est-ce logique ?

Et qui osera prétendre que ceux pour qui le vol, l'assassinat, l'explosion, la trahison, la désobéissance dans l'armée sont des théories légitimes et le sujet d'une propagande cynique, soient intéressants au point de mériter le traitement de faveur d'une législation privilégiée ?

Nous nous en voudrions d'insister. Le bon sens et la raison exigent le retour au droit commun pour des individus reconnus coupables d'excitation à des crimes et délits de droit commun.

Toutefois, désireux avant tout de ne laisser en aucune façon la porte ouverte à l'arbitraire, le projet devant exclusivement s'appliquer à ceux qui font acte de propagande anarchiste, nous visons non plus, comme le portait le texte du Gouvernement, l'article 24 dans son entier, mais seulement les paragraphes 1 et 3 de cet article.

Le paragraphe 2, que nous laissons sous l'empire de la législation ancienne, vise les provocations à l'un des crimes contre la sûreté intérieure de l'État, prévus par les articles 86 et suivants jusques et y compris l'article 101 du Code pénal.

Rien n'est plus élastique que cette formule « crimes contre la sûreté intérieure de l'État ». Nous ne pouvions la laisser figurer dans cette loi. Nous avons trop le respect de la liberté. Si nous voulons armer le Gouvernement contre les anarchistes, nous entendons en même temps lui refuser tout ce qui pourrait à un moment donné être entre ses mains une arme pour empêcher la manifestation d'aucune opinion, quelle qu'elle soit et quelle qu'elle puisse être.

Le Gouvernement nous a du reste déclaré, à la commission, que ces délits figuraient à l'article 1er par suite d'une erreur de rédaction. Nous sommes donc entièrement d'accord sur ce point avec lui.

L'article 2 crée d'une façon générale le délit de propagande anarchiste ; il élargit l'article 24 de la loi de 1881.

M. le ministre de la Justice, en nous faisant pénétrer dans les détails de l'organisation de la propagande anarchiste, a montré à la commission de nombreux cas où se manifeste l'insuffisance des lois existantes.

Si vous voulez avec nous sincèrement et sérieusement armer la main de la justice, vous ne pouvez refuser le vote de l'article que nous vous soumettons.

L'article du Gouvernement portait : « Tout individu qui sera convaincu d'avoir, par des moyens que'conques, fait acte de propagande anarchiste, en préconisant des attentats contre les personnes ou les propriétés... »

Cette rédaction ne nous a pas paru suffisamment claire et précise. En matière pénale, et principalement quand il s'agit de la liberté individuelle, on ne saurait se montrer trop soucieux de bien définir et caractériser les délits.

Sans doute, le Gouvernement avait précisé sa pensée en définissant la propagande anarchiste par la préconisation des attentats contre les personnes ou les propriétés, mais il nous a semblé que nous répondions mieux encore à la légitime préoccupation de ceux qui redoutent l'arbitraire de la loi en disant :

« Sera également déféré aux tribunaux de police correctionnelle et puni d'un emprisonnement de trois mois à deux ans et d'une amende de 100 à 2,000 francs tout individu qui, en dehors des cas visés par l'article précédent, sera convaincu d'avoir, soit par provocation, soit par apologie des faits spécifiés audit article, incité une ou plusieurs personnes à commettre soit les crimes de meurtre, de pillage, d'incendie et les crimes punis par l'article 435 du Code pénal, soit le vol, et aura ainsi fait acte de propagande anarchiste. »

L'article 3 est dicté par le devoir de prendre, vis-à-vis des condamnés, des mesures complémentaires de défense sociale.

Il autorise les tribunaux à décider, suivant les circonstances de la cause, si les anarchistes déférés devant eux devront être relégués à l'expiration de la peine.

Nous jugeons cette mesure, la plus importante peut-être du projet, comme indispensable au rétablissement et au maintien de l'ordre. Elle répond impérieusement non plus à notre préoccupation de circonscrire la contagion anarchiste en faisant disparaître la propagande, mais à la nécessité d'en finir une bonne fois avec tous ceux qui, dès à présent, sont enrôlés dans l'armée du crime.

Condamner un anarchiste à un nombre plus ou moins grand de mois ou d'années de prison, c'est faire momentanément disparaître le danger, ce n'est pas le supprimer. L'individu emprisonné sortira de prison à l'expiration de sa peine plus haineux, plus excité encore contre la société, à laquelle il dénie le droit de répression. Le châtiment, loin de l'amender, l'aura rendu plus dangereux.

La relégation permettra de purger le territoire d'êtres qui constituent un danger public.

Toutefois, nous avons apporté certaines limitations aux droits du magistrat, voulant ainsi indiquer que la relégation ne doit être appliquée qu'à bon escient.

Nous édictons que la peine accessoire de la relégation pourra être prononcée seulement contre les individus condamnés, en vertu des articles 1 et 2 de la présente loi, à une peine supérieure à une année d'emprisonnement, ou ayant subi antérieurement soit une condamnation à plus de trois mois d'emprisonnement pour les faits spécifiés auxdits articles, soit une condamnation à la peine des travaux forcés, de la réclusion, ou de plus de trois mois d'emprisonnement pour crimes ou délits de droit commun.

Ainsi entourée de garanties, la relégation nous paraît devoir rencontrer l'adhésion de la majorité, d'autant que cette peine a déjà été adoptée dans la loi sur les associations de malfaiteurs du 18 décembre 1893.

L'article 4 soumet les individus condamnés à raison des infractions prévues par les articles 1 et 2 à l'emprisonnement individuel, sans qu'une diminution de la durée de la peine puisse s'ensuivre. Cette mesure permettra de soustraire les autres condamnés à un contact dont les dangers ont été maintes fois signalés. L'existence en commun permettrait aux anarchistes de continuer leur propagande dans l'intérieur de la prison, et cette propagande serait d'autant plus efficace que le milieu dans lequel elle s'exercerait serait plus favorable à son développement.

Nous ne pensons pas qu'une objection sérieuse puisse être soulevée à ce sujet. Nous avons accepté sans modification l'article présenté par le Gouvernement.

L'article 5 permet l'interdiction totale ou partielle de la publication des débats quand le fait incriminé aura un caractère anarchiste.

Cet article a déjà provoqué de nombreuses récriminations ou critiques.

Il est donc nécessaire de nous en expliquer clairement.

La rédaction que nous vous soumettons, qui est celle du Gouvernement, n'organise pas le huis clos. Il reste entendu que l'audience, conformément à la législation de droit commun, reste publique. Ainsi tombe l'objection principale de nos contradicteurs, qui représentent la publicité comme la garantie fondamentale des procès criminels ou correctionnels, si tant est qu'on puisse prétendre que le respect des garanties est dû davantage à l'atrocité hors nature du fauve de l'anarchie qu'à l'individu poursuivi à raison d'un acte public contre la pudeur ou d'un article diffamatoire ou d'un procès en séparation.

L'article 5 ne vise pas la publicité, mais la publication des débats.

Et encore nous appelons l'attention de nos collègues sur ces mots : « en tout ou en partie ». Qu'est-ce à dire, sinon que la cour ou le tribunal auront simplement la faculté d'interdire la publication de telle ou telle partie du débat s'il leur paraît que cette publication peut troubler l'ordre public ?

Est-ce là une mesure réellement efficace et indispensable ? Nous n'hésitons pas à le penser.

Il ne nous paraît pas contestable qu'il soit nécessaire d'empêcher que les accusés ou prévenus anarchistes se fassent de la cour ou du tribunal une tribune publique pour lire des documents que les journaux reproduisent à des millions d'exemplaires et qui servent au premier chef la propagande anarchiste.

Le Gouvernement attache, du reste, une très réelle importance à cette interdiction facultative de la reproduction de tout ou partie des débats.

Nous nous associons pleinement à sa manière de voir, et nous pensons avec lui qu'il est grand temps d'empêcher ce nouveau genre de propagande, non certes le moins actif, puisqu'il a pour auxiliaire la plus large publicité possible.

Notre collègue, M. Denécheau, hostile à l'ensemble de la loi, a plus particulièrement insisté contre le vote de cet article. Il a fait remarquer notamment que les journaux étrangers rapporteront en France les débats dont la reproduction aura été interdite aux journaux français, et qu'ils seront d'autant plus lus que la curiosité aura été éveillée.

Nous ne méconnaissons pas qu'il y ait là une difficulté, mais il appartiendra à M. le ministre de l'Intérieur de faire saisir les exemplaires ainsi vendus ou distribués.

Enfin, nous avons ajouté au texte du projet du Gouvernement le paragraphe additionnel suivant :

« Seront poursuivies dans les mêmes conditions et passibles des mêmes peines toute publication ou divulgation de documents ou actes de procédure spécifiées à l'article 38 de la loi du 29 juillet 1881. »

Nous nous sommes inspirés des préoccupations mêmes de la Chambre, qui, tout dernièrement, a voté l'urgence d'une proposition due à l'initiative de nos honorables collègues MM. Pourquery de Boisserin, Saint-Germain, Chaudey et Farjon, tendant à interdire la publication des actes d'instruction criminelle.

C'est là, pensons-nous, une sage disposition.

L'honorable M. Goirand nous a proposé un article additionnel qui deviendrait l'article 6 qui serait ainsi conçu :

« Les délits d'injure et de diffamation envers les cours et tribunaux et les membres qui les constituent seront déférés aux tribunaux de police correctionnelle. »

Notre collègue faisait valoir qu'au moment où nous allions augmenter les responsabilités de la magistrature il était nécessaire de la protéger plus efficacement contre l'injure et la diffamation.

Votre commission, tout en rendant hommage aux sentiments très élevés qui guidaient M. Goirand, n'a pas cru pouvoir adopter son amendement.

La loi qui vous est soumise, comme l'indique son titre, tend uniquement à la répression des menées anarchistes. Elle ne peut servir de véhicule à d'autres réformes, si intéressantes soient-elles.

Telle est l'économie du projet que vous présentent votre commission et le Gouvernement.

Nous ne saurions trop le répéter : le projet vise exclusivement les menées anarchistes. Il ne peut donner lieu à aucune équivoque. Il ne laisse aucune place à l'arbitraire. Aucun parti politique, aucune fraction de l'opinion publique ne peut raisonnablement s'alarmer.

Tous les hommes de bonne foi seront obligés de reconnaître avec nous que nous ne portons aucune atteinte à la liberté.

Et nous pouvons affirmer hautement que nous conservons

le droit de reproduire, en nous les appropriant, les déclarations de M. le rapporteur de 1881, au moment où s'ouvrait la discussion de la loi libérale sur la presse, et qu'il n'est pas inutile de rappeler à ceux qui seraient tentés de nous accuser trop légèrement de réaction : « Le projet, disait M. Lisbonne, laisse libre carrière aux opinions. »

Il ne donne asile dans ses dispositions nouvelles à aucun délit de doctrine, de tendance, à aucun délit purement politique. La répression ne vise que les actes inspirés par l'intention de troubler l'ordre social, de nuire à la sécurité de la collectivité des citoyens, de porter atteinte à l'intérêt privé, actes que le droit commun incrimine, abstraction faite des moyens à l'aide desquels leur auteur a pu les accomplir.

Mais, si le droit pour la société de se défendre ne peut être sérieusement dénié par les esprits réfléchis et soucieux d'assurer l'ordre, garantie même de tout progrès, peut-être élèvera-t-on des doutes sur l'efficacité des mesures soumises à votre sanction.

Plusieurs de nos collègues ont dit en effet : « A différentes reprises déjà, le Gouvernement nous a demandé des mesures de répression ; nous les avons votées, elles n'ont rien empêché. »

Certains ont même ajouté : « Quand le Parlement donne au Gouvernement les armes nécessaires et jugées indispensables à la défense de l'ordre social, ce dernier laisse dormir les lois au lieu de les appliquer. »

D'autres enfin ont soutenu que les derniers attentats étaient surtout dus à un défaut de vigilance et à une organisation défectueuse de la police.

Votre commission a examiné ces critiques, dont un certain nombre de ses membres lui ont apporté l'écho.

Nous n'en méconnaissons pas dans une certaine mesure le bien fondé.

Il nous paraît indubitable, et nous avons résolu d'appeler

sur ce point l'attention du Gouvernement, qu'il serait urgent de réorganiser les services de la police et de la sûreté, de réunir notamment ces deux services sous l'autorité d'un même chef, de faire cesser les conflits possibles entre la police, la sûreté et les parquets, d'exercer une surveillance plus étroite sur les individus soupçonnés d'anarchie, de nous montrer plus rigoureux à l'endroit des étrangers, de ces dangereux propagateurs internationaux du crime.

Il nous paraît non moins contestable que peut-être en plus d'une circonstance le Gouvernement n'a pas eu la main assez ferme et n'a pas tiré tout le parti désirable des textes mis à sa disposition.

Mais en même temps il convient d'observer que, dans bien des cas, l'action de la justice s'est trouvée paralysée par l'insuffisance des mesures jusqu'ici votées.

M. le garde des sceaux a très nettement mis en lumière devant votre commission les difficultés avec lesquelles il s'est trouvé aux prises et l'inefficacité des lois, notamment à l'égard d'une catégorie de malfaiteurs qui, en dehors de tout concert et de toute entente préalable, et en dehors des cas visés par l'article 23 de la loi du 29 juillet 1881, ou des cas visés par la loi du 18 décembre 1893, font acte de propagande anarchiste.

Avec la nouvelle loi permettant d'atteindre la propagande sous les formes indiquées d'une manière précise dans le texte qui vous est soumis, et de reléguer les individus convaincus d'être des anarchistes, nous croyons armer complètement le Gouvernement, et nous avons assez confiance en son énergie pour bien augurer de l'emploi qu'il saura faire des armes que nous mettons entre ses mains.

Aussi voudrez-vous sanctionner le projet dont la teneur suit et que nous pouvons ainsi résumer : respect de la liberté, répression des crimes et délits de droit commun.

PROJET DE LOI

Article premier. — Les infractions prévues par les articles 24, paragraphes 1 et 3, et 25 de la loi du 29 juillet 1881, modifiés par la loi du 13 décembre 1893, sont déférées aux tribunaux de police correctionnelle.

Art. 2. — Sera également déféré aux tribunaux de police correctionnelle et puni d'un emprisonnement de trois mois à deux ans et d'une amende de 100 à 2,000 francs tout individu qui, en dehors des cas visés par l'article précédent, sera convaincu d'avoir, soit par provocation, soit par apologie des faits spécifiés auxdits articles, incité une ou plusieurs personnes à commettre, soit les crimes de meurtre, de pillage, d'incendie et les crimes punis par l'article 435 du Code pénal, soit un vol, et aura ainsi fait acte de propagande anarchiste.

Art. 3. — La peine accessoire de la relégation pourra être prononcée contre les individus condamnés en vertu des articles 1 et 2 de la présente loi à une peine supérieure à une année d'emprisonnement ou ayant subi antérieurement soit une condamnation à plus de trois mois d'emprisonnement pour les faits spécifiés auxdits articles, soit une condamnation à la peine des travaux forcés, de la réclusion, ou de plus de trois mois d'emprisonnement pour crime ou délit de droit commun.

Art. 4. — Les individus condamnés en vertu de la présente loi seront soumis à l'emprisonnement individuel, sans qu'il puisse résulter de cette mesure une diminution de la durée de la peine.

Art. 5. — Dans les cas prévus par la présente loi et dans tous ceux où le fait incriminé a un caractère anarchiste, les cours et tribunaux pourront interdire, en tout ou en partie, la reproduction des débats.

Toute infraction à cette défense sera poursuivie conformément aux prescriptions des articles 42, 43, 44 et 49 de la loi du 29 juillet 1881, et sera punie d'un emprisonnement de six jours à un mois et d'une amende de 1,000 à 10,000 francs.

Seront poursuivies dans les mêmes conditions et passibles des mêmes peines toute publication ou divulgation de documents ou actes de procédure spécifiés à l'article 38 de la loi du 29 juillet 1881.

ANNEXE N° 3

RAPPORT fait au Sénat au nom de la Commission chargée d'examiner le projet de loi tendant à réprimer les menées anarchistes, par M. Trarieux, *sénateur.*

Messieurs, nous venons vous proposer d'adopter sans modification aucune le projet de loi tendant à réprimer les menées anarchistes qui nous est apporté de la Chambre des députés.

Les critiques auxquelles il a donné lieu ont bien pu, sur quelques points et à certains égards, nous paraître plausibles ; mais, dans son ensemble, nous le croyons suffisamment justifié pour en accepter, à notre tour, la responsabilité.

Ce n'est pas seulement un cri d'horreur que le pays a fait entendre au lendemain des attentats répétés qui nous ont mis en deuil, c'est aussi la demande instante de mesures énergiques qui en pussent prévenir le retour.

Le Gouvernement n'eût pas compris son devoir s'il fût resté sourd à ce vœu presque unanime, et, quelques différences d'appréciation qui se soient élevées sur la réponse qu'il y a faite, on ne peut que rendre justice à l'idée maîtresse dont il a cru devoir s'inspirer.

Il n'a pas pensé qu'il y eût à instituer, contre la possibilité de crimes nouveaux, un surcroît de rigueurs nouvelles ; mais, cherchant le mal à sa racine, il a cru que c'était contre les causes premières de son développement qu'il avait surtout à se prémunir.

« S'il est vrai que les misérables qui sont capables de se faire de l'assassinat un moyen de terreur mériteraient d'être hors de la loi, il est certain aussi que la pensée de leurs forfaits leur est le plus souvent suggérée par de plus misérables encore. »

Il s'est formé, depuis un certain temps, comme une école du crime où la provocation aux pires attentats est devenue le métier habituel de certains hommes dont la prudence recule devant l'action, mais qui montrent une ardeur d'apôtres pour la théorie.

Tantôt par la plume, tantôt par la parole ; tantôt au grand jour, tantôt dans des conciliabules secrets, ces maîtres enseignants de l'anarchie travaillent à pervertir l'esprit des élèves qu'ils recrutent, à nourrir leurs cœurs de sentiments de haine, à les préparer à devenir les instruments de leurs desseins criminels.

C'est à ces germes de contagion que le Gouvernement a cru nécessaire de s'attaquer, et c'est à les étouffer que doit être employée la loi qu'il nous présente.

Deux séries de dispositions y ont pris place :

D'une part, il s'agit de soumettre à la police correctionnelle toutes les provocations aux attentats anarchistes qui peuvent se produire par la voie de la presse ;

De l'autre, il est créé un nouveau délit, celui de propagande secrète ayant pour but d'exciter à ces sortes d'attentats.

Les peines applicables à ces délits sont aggravées, dans certains cas que détermine l'article 3 de la loi, du droit pour le juge d'y ajouter la relégation.

Quand l'emprisonnement est prononcé pour un délit d'origine anarchiste, il doit être individuel.

Enfin, le compte rendu des débats, en cas de poursuites, peut être interdit.

Nous n'examinerons pas, Messieurs, comme nous l'avons déjà dit, si l'ensemble de ces dispositions n'eût pas gagné

à certaines retouches : il nous suffira de bien poser en principe qu'il ne devra jamais prêter matière aux abus dont on
s'est préoccupé.

Nous devons constater, tout d'abord, qu'il ne touche pas
aux règles générales de la compétence posées par la loi
de 1881, puisque ce n'est qu'autant que les faits présente-
raient un caractère anarchiste qu'ils pourraient ressortir à
la connaissance de la police correctionnelle. Cette distinction
peut ne pas satisfaire ceux qui inclinent à penser que toute
provocation à commettre des crimes devrait, quelle qu'elle
soit, appartenir à cette dernière juridiction ; mais elle
montre, au moins, le désir qu'ont eu les auteurs du projet
de le faire le moins possible empiéter sur la loi de la presse
et de lui imprimer un caractère tout exceptionnel.

Nous tenons à établir aussi qu'aucune répression exagérée
ne saurait naître de la disposition relative au délit de propagande clandestine. On s'est inquiété du point de savoir
s'il serait possible qu'un simple mot, une simple appréciation proférés dans des conversations particulières pussent,
en dehors de toute provocation formelle au crime, faire l'objet de poursuites. Nous avons expressément invité le Gouvernement à s'expliquer avec nous sur ce point, et il nous a
autorisés à déclarer qu'il n'y avait de punissables, pour les
propos non publics d'apologie, que ceux qui renfermeraient
une excitation manifeste à commettre des actes criminels
auxquels ils se seraient appliqués, ce que le texte de l'article 2 attentivement consulté indique, du reste, d'une manière suffisante.

Pour ce qui a trait à la relégation, nous ne pouvions non
plus ne point nous préoccuper de la dérogation apportée aux
règles générales de la loi du 27 mai 1885 sur les récidivistes. Il est certain que la spécialité des faits à réprimer
justifie pleinement l'idée d'une exception à ces règles ; mais
nous avons tenu à rassurer contre la crainte qui s'est fait

jour de la voir détournée de son but. Ici encore, nous avons
tenu à ce qu'on reconnût avec nous le principe qui devrait
toujours inspirer les tribunaux dans l'usage du pouvoir qui
leur est conféré. Ils ne devront pas perdre de vue que, si
leur justice doit toujours être ferme, elle ne doit pas cesser
d'être humaine, et qu'ils ne devront faire usage de la peine
de la relégation que lorsqu'un besoin de préservation sociale
paraîtra l'exiger.

Nous ne dirons qu'un mot de l'emprisonnement cellulaire
et de la faculté d'interdire le compte rendu des débats. Ce
sont là également des précautions dérogatoires qui répondent
à une situation tout à fait particulière. Nous ne pouvons nier
que la prudence ne commande de soustraire à la propagande
anarchiste les préaux et les ateliers de nos maisons de correction ; et il n'est pas, hélas ! moins certain qu'un des plus
sûrs moyens d'arrêter cette propagande, c'est que l'instruction des procès anarchistes ne soit pas l'occasion forcée
d'une publicité que l'orgueil de quelques égarés recherche
et dont l'effet sur des esprits disposés à se laisser entraîner
par l'exemple est démoralisateur.

Nous croyons, Messieurs, avoir suffisamment justifié par
ces rapides explications l'avis que vous nous avez donné la
mission de vous apporter ; mais ne nous sera-t-il pas permis d'ajouter que cet avis nous a paru également commandé
par les considérations de l'ordre politique le plus grave ?

La société veut vivre, et pour vivre il faut qu'elle sache se
défendre contre les dangers qui la menacent. Entre ceux
qui comprennent ces nécessités constantes de tout gouvernement digne de ce nom et ceux qui les nient ou les mécon-
naissent nous ne pouvons hésiter à choisir. En nous asso-
ciant résolument à la majorité de la Chambre pour la
protection de l'ordre social, c'est, ne l'oublions pas, une force
morale nouvelle que nous apporterons à la République, un
service de plus que nous rendrons au pays !

DEUXIÈME PARTIE

LÉGISLATION ANTÉRIEURE A LA LOI DU 28 JUILLET 1894
EN VUE DE RÉPRIMER
LA PROPAGANDE OU LES ATTENTATS ANARCHISTES

LOI

*Du 12 décembre 1893, portant modification des
articles 24, paragraphe 1ᵉʳ, 25 et 49 de la loi du
29 juillet 1881 sur la presse* [1].

Le Sénat et la Chambre des députés ont adopté,

Le Président de la République promulgue la loi dont la
teneur suit :

ARTICLE UNIQUE. — Les articles 24, § 1ᵉʳ, 25 et 49 de la
loi du 29 juillet 1881 sur la presse sont modifiés ainsi qu'il
suit :

« ART. 24. — Ceux qui, par l'un des moyens énoncés en
l'article précédent, auront directement provoqué soit au vol,

[1] *Exposé des motifs* lu à la Chambre des députés, le 11 décembre 1893, par M. CASIMIR-PÉRIER, président du Conseil :

« La loi du 29 juillet 1881 punit la provocation directe aux crimes
de meurtre, de pillage et d'incendie et aux crimes contre la sûreté
de l'État prévus par les articles 75 et suivants, jusques et y compris
l'article 101 du Code pénal, lors même que cette provocation
n'a pas été suivie d'effet. Cette énumération, qui, au moment où la
loi a été votée, paraissait embrasser toutes les provocations réellement
dangereuses pour l'ordre public, est devenue insuffisante.

L'article 435 a dû être modifié pour permettre d'atteindre l'emploi,
dans un but criminel, d'engins explosifs. La provocation à
commettre un attentat de cette nature ne saurait, à raison même

soit aux crimes de meurtre, de pillage et d'incendie, soit à
l'un des crimes punis par l'article 435 du Code pénal, soit à
l'un des crimes et délits contre la sûreté extérieure de l'État
prévus par les articles 75 et suivants, jusques et y compris
l'article 85 du même Code, seront punis, dans le cas où cette

de la gravité des conséquences qui peuvent en résulter, demeurer
impunie. Il importe également, dans un intérêt non moins évident
de défense sociale, de réprimer toute provocation directe à commettre un crime ou un délit de vol.

Une autre mesure s'impose, qui consiste dans l'addition d'une
disposition nouvelle à insérer dans l'article 24. La provocation
n'est punie actuellement qu'autant qu'elle est directe. L'apologie
des crimes ci-dessus spécifiés échappe à toute sanction pénale. La
loi laisse ainsi la société sans défense contre des excitations qui
constituent un danger social au même titre et au même degré que
la provocation directe. Qu'est-ce, en effet, que l'apologie d'un attentat comme le meurtre, le pillage, l'incendie, la destruction d'un
édifice à l'aide d'engins explosifs, etc., sinon la provocation au
renouvellement d'actes de même nature ? Produisant les mêmes
effets, elle doit exposer ceux qui s'en rendent coupables à la même
répression.

Des événements récents ont démontré la nécessité de ne laisser
aux provocateurs aucun moyen d'échapper aux rigueurs de la loi.
Il nous a semblé qu'il y avait lieu d'élever à cinq années le maximum de la peine d'emprisonnement qui pourra être prononcée.

La sanction édictée par l'article 25 de la loi de 1881 pour punir
la provocation adressée à des militaires, dans le but de les détourner de leurs devoirs militaires et de l'obéissance qu'ils doivent à
leurs chefs dans tout ce qu'ils leur commandent pour l'exécution
des lois et des règlements militaires, nous a paru également ne
pas assurer suffisamment la répression. Nous vous proposons de
substituer une pénalité d'un an à cinq ans d'emprisonnement et
d'une amende de 100 francs à 3,000 francs à la peine d'un mois à
six mois actuellement applicable.

Il est indispensable de donner à l'autorité judiciaire les moyens
d'exercer son action avec promptitude et efficacité.

Le droit de saisir les écrits, imprimés, placards ou affiches contenant la provocation aux crimes ou leur apologie et de faire procéder à l'arrestation des prévenus conformément aux règles du
Code d'instruction criminelle, nous paraît devoir être le corollaire
nécessaire des dispositions proposées »

provocation n'aurait pas été suivie d'effet, d'un an à cinq ans d'emprisonnement et de 100 francs à 3,000 francs d'amende.

« Ceux qui, par les memes moyens, auront directement provoqué à l'un des crimes contre la sûreté intérieure de l'État prévus par les articles 86 et suivants, jusques et y compris l'article 101 du Code pénal, seront punis des mêmes peines.

« Seront punis de la même peine ceux qui, par l'un des moyens énoncés en l'article 23, auront fait l'apologie des crimes de meurtre, de pillage ou d'incendie, ou du vol ou de l'un des crimes prévus par l'article 435 du Code pénal.

« Art. 25. — Toute provocation par l'un des moyens énoncés en l'article 23 adressée à des militaires des armées de terre ou de mer, dans le but de les détourner de leurs devoirs militaires et de l'obéissance qu'ils doivent à leurs chefs dans tout ce qu'ils leur commandent pour l'exécution des lois et règlements militaires, sera punie d'un emprisonnement de un à cinq ans et d'une amende de 100 francs à 3.000 francs.

« Art. 49. — Immédiatement après le réquisitoire, le juge d'instruction pourra, mais seulement en cas d'omission du dépôt prescrit par les articles 3 et 10 ci-dessus, ordonner la saisie de quatre exemplaires de l'écrit, du journal ou du dessin incriminé.

« Toutefois, dans les cas prévus aux articles 24, § 1 et 3, et 25 de la même loi, la saisie des écrits ou imprimés, des placards ou affiches aura lieu conformément aux règles édictées par le Code d'instruction criminelle.

« Si le prévenu est domicilié en France, il ne pourra être préventivement arrêté, sauf dans les cas prévus aux articles 23, 24, § 1 et 3, et 25 ci-dessus.

« S'il y a condamnation, l'arrêt pourra, dans les cas prévus aux articles 24, § 1 et 3, et 25, prononcer la confiscation des écrits ou imprimés, placards ou affiches saisis, et dans tous les cas ordonner la saisie, ou la suppression, ou la destruction de tous les exemplaires qui seraient mis en vente, distribués ou exposés aux regards du public. Toutefois, la suppression ou la destruction pourra ne s'appliquer qu'à certaines parties des exemplaires saisis. »

La présente loi, délibérée et adoptée par le Sénat et par la Chambre des députés, sera exécutée comme loi de l'État.

Fait à Paris, le 12 décembre 1893.

CARNOT.

Par le Président de la République :

Le président du Conseil, ministre des Affaires étrangères,
CASIMIR-PÉRIER.

Le garde des Sceaux, ministre de la Justice,
ANTONIN DUBOST.

Le ministre de l'Intérieur,
D. RAYNAL.

HISTORIQUE

A la suite des attentats qui avaient fait, à Paris, un certain nombre de victimes et détruit plusieurs immeubles, le Gouvernement avait songé à combattre la propagande anarchiste qui s'affichait au grand jour, et l'une de ses premières préoccupations fut de poursuivre la réforme de la loi de 1881 sur la presse.

Le 19 mai 1892, le Cabinet présidé par M. Loubet déposait à la Chambre des députés un projet de loi tendant à modifier les articles 24, § 1er, 25 et 49 de la loi du 29 juillet 1881. Ce projet introduisait dans l'article 24 la provocation au vol et à la destruction à l'aide d'engins explosifs, élevait les pénalités contre les auteurs d'excitations des militaires à la désobéissance, et autorisait enfin la saisie et l'arrestation préventives dans les cas de l'article 24, § 1er, et de l'article 25.

La commission nommée par la Chambre des députés adopta le projet de loi du Gouvernement, et le rapport de M. Lasserre fut déposé le 25 juin 1892[1]. Il justifiait complètement les réformes proposées tant sur les modifications des articles 24 et 25 que sur la nécessité d'autoriser la saisie et l'arrestation préventives contre les auteurs des provocations. Il citait notamment l'exemple

[1] *Journal officiel* du 4 octobre 1892, *annexes*, p. 1325, n° 2212.

de l'anarchiste Martinet poursuivi pour avoir affiché, le 28 avril 1891, des placards provoquant les militaires à la désobéissance, et dont l'arrestation n'était devenue légalement possible que le 31 mars 1892, après une infinité de péripéties de procédure qui n'avaient pas exigé moins de onze arrêts, dont cinq de la Cour de cassation. Or, cet anarchiste n'avait pas cessé d'employer la liberté, qu'une loi impuissante lui laissait, à continuer son œuvre malfaisante dans des conférences où il adressait aux marins et aux soldats de cyniques provocations.

Le rapporteur invoquait ensuite la loi du 2 août 1882, autorisant la saisie et l'arrestation préventives en matière d'outrages aux bonnes mœurs par la voie de la presse, sauf en ce qui concerne le livre, et disait : « Qui donc viendra soutenir que nous ne pouvons, sans porter atteinte à la liberté de la presse, faire, en 1892, pour les anarchistes, ce que nos devanciers ont fait, en 1882, pour les pornographes ? Qui osera prétendre que ceux pour qui le vol, l'assassinat, l'explosion, la trahison, la désobéissance dans l'armée sont des théories légitimes et le sujet d'une propagande cynique sont plus intéressants que ceux qu'atteint si justement la loi du 2 août 1882 ? »

Enfin, le projet de la commission contenait une distinction entre la provocation aux crimes contre la sûreté extérieure de l'État et celle qui intéresse la sûreté intérieure, plaçait la première dans le paragraphe 1ᵉʳ de l'article 24 et affectait spécialement à la seconde un deuxième alinéa.

— A la suite de l'explosion qui eut lieu, le 8 novembre 1892, au commissariat de police de la rue des Bons-Enfants, et coûta la vie à cinq personnes, le projet de loi fut mis à l'ordre du jour de la Chambre et discuté dans les séances des 16, 17 et 18 du même mois, où il subit de profondes modifications.

La première consista dans l'abandon de la provocation au vol, qui fut déterminé par un amendement de M. Bovier-Lapierre, accepté par le Gouvernement et la commission.

Sur l'article 49, la commission accepta également un amendement de M. Gerville-Réache, aux termes duquel, en cas d'arrestation préventive ou de saisie, l'inculpé pouvait demander sa mise en liberté provisoire ou la mainlevée de la saisie, et le juge d'instruction devait statuer dans les vingt-quatre heures. Le procureur de la République et l'inculpé avaient le même délai pour faire opposition à l'ordonnance, et la Chambre des mises en accusation devait statuer dans les cinq jours, faute de quoi le prévenu devait être mis en liberté et les pièces saisies restituées.

M. Jullien proposa un autre amendement maintenant les anciens termes de l'article 49 et y ajoutant la disposition suivante : « Dans les cas prévus aux articles 24 et 25 de la présente loi, la cour pourra prononcer l'exécution provisoire nonobstant opposition ou pourvoi. » Cette proposition, portant une atteinte si grave à toute l'économie de la loi, fut combattue par M. Ricard, garde des sceaux, et par le rapporteur ; mais, malgré tout, elle fut adoptée par la Chambre, par 289 voix contre 256.

L'arrestation et la saisie préventives demeuraient donc interdites comme par le passé.

La Chambre adopta ensuite un amendement de M. Raiberti appliquant, aux journaux publiés en France, en langue étrangère, l'article 14 de la loi sur la presse qui autorise le Gouvernement à interdire, par décision délibérée en Conseil des ministres, la circulation des journaux publiés à l'Étranger.

C'est avec ces modifications que le projet de loi fut transmis au Sénat, qui le rétablit tel qu'il était sorti des délibérations de la commission de la Chambre, c'est-à-dire avec la provocation au vol, la saisie et l'arrestation préventives tempérées par les dispositions de l'amendement de M. Gerville-Réache.

Le projet revint à la Chambre des députés, où, contrairement à l'avis de la commission qui proposait de confirmer le vote du Sénat, les modifications portées aux articles 24 et 25 furent seules adoptées, tandis que l'article 49 était maintenu avec la disposition additionnelle de l'amendement de M. Jullien.

Dans cet état, le projet fit retour au Sénat, le 16 mars 1893, mais, tout accord paraissant impossible avec la Chambre des députés, il ne fut pas discuté.

Le 11 décembre, au surlendemain de l'attentat commis par Vaillant dans l'enceinte de la Chambre des députés, le Cabinet présidé par M. Casimir-Périer reprit le projet primitif en le renforçant et le complétant, le fit voter par la Chambre des députés le même jour, le lendemain par le Sénat, et promulgua la nouvelle loi le 13 du même mois.]

Cette loi a uniquement pour objet d'édicter des modifications aux articles 24, § 1er, 25 et 49 de la loi du 29 juillet 1881 sur la presse. Nous examinerons donc successivement le texte de chacun de ces nouveaux articles en nous appliquant à en fixer la portée.

ARTICLE 24

« Ceux qui, par l'un des moyens énoncés en l'article précédent, auront directement provoqué soit au vol, soit aux crimes de meurtre, de pillage et d'incendie, soit à l'un des crimes punis par l'article 435 du Code pénal, soit à l'un des crimes et délits contre la sûreté extérieure de l'État prévus par les articles 75 et suivants, jusques et y compris l'art. 85 du même Code, seront punis, dans le cas où cette provocation n'aurait pas été suivie d'effet, de un an à cinq ans d'emprisonnement et de 100 francs à 3,000 francs d'amende.

« Ceux qui, par les mêmes moyens, auront directement provoqué à l'un des crimes contre la sûreté intérieure de l'État prévus par les articles 86 et suivants, jusques et y compris l'article 101 du Code pénal, seront punis des mêmes peines.

« Seront punis de la même peine ceux qui, par l'un des moyens énoncés en l'article 23, auront fait l'apologie des crimes de meurtre, de pillage ou d'incendie, ou du vol, ou de l'un des crimes prévus par l'article 435 du Code pénal ».

CHAPITRE PREMIER

DE LA PROVOCATION ET DE L'APOLOGIE

L'article 24 s'applique à la provocation publique et directe, mais non suivie d'effet, c'est-à-dire à celle qui est demeurée stérile, sans résultats tout au moins apparents. Qui nous dira, en effet, les ravages causés dans les esprits par les provocations de tout ordre dont nous avons été si longtemps témoins, et à quelles sources mystérieuses remontent les crimes qui ont ensanglanté l'histoire de ces dernières années? Rare est la provocation qui ne dépose pas son germe quelque part dans l'immense multitude où il se développe obscurément jusqu'au jour où il porte ses fruits. C'est donc avec raison que les pouvoirs publics ont essayé d'arrêter le flot qui montait, en donnant à la justice des armes plus sûres contre les provocateurs, premiers artisans du crime.

Le nouvel article 24 contient quatre paragraphes : le premier, qui vise la provocation directe au vol, au meurtre, au pillage, à l'incendie, à la destruction à l'aide d'engins explosifs, ou aux crimes et délits contre la sûreté extérieure de l'État ; le deuxième, qui concerne la provocation aux crimes contre la sûreté intérieure de l'État ; le troisième, qui a pour objet l'apologie du vol, du meurtre, du pillage, de l'incendie ou de la destruction à l'aide d'explosifs ; et enfin le quatrième, qui est l'ancien paragraphe 2, auquel la nouvelle loi n'a pas touché et qui s'applique aux cris et chants séditieux.

La loi de 1881 sur la presse, modifiée par celle du 12 décembre 1893, ne prévoit que la provocation directe et publique. Nous savons ce qu'il faut entendre par provocation directe : c'est celle qui est dirigée contre une personne ou une chose déterminées. Dans son rapport sur la loi sur la presse, M. Lisbonne disait : « La provocation ne sera donc punie des peines de la complicité que lorsqu'elle sera directe et spéciale, c'est-à-dire lorsqu'elle consistera dans les efforts directs d'un individu pour que d'autres individus exécutent un crime déterminé et prévu par la loi pénale. » Dans le cours de la discussion devant la Chambre des députés, le garde des sceaux s'exprima ainsi : « Est-ce qu'il y a place à l'arbitraire lorsqu'on vient vous dire : « Vous « ne poursuivrez qu'à la condition que vous reconnaîtrez « qu'il y a un lien intime, indissoluble, entre la provoca- « tion et tel fait défini par la loi pénale ? » (Séance du 25 janvier 1881.) Ces principes ont été adoptés par la Cour de cassation, qui a décidé « qu'aux termes des articles 23 et 24 de la loi du 29 juillet 1881, pour que la provocation qu'ils prévoient donne lieu à une répres- sion pénale, il est absolument nécessaire qu'il y ait eu provocation directe à commettre des délits et crimes déterminés par la loi pénale, c'est-à-dire qu'il y ait une relation précise et incontestable, et un lien étroit entre le fait de la provocation et les crimes qui sont visés dans la prévention. (D. P., 84, 1. 95, *Répertoire suppl.* v° *Presse-Outrage*, n° 570 et suivants.) Citons enfin les paroles de M. Edmond Magnier, à la tribune du Sénat, le 19 janvier 1893 : « Je pourrais sortir de mon dos- sier des preuves absolument manifestes de la provoca- tion directe. Par exemple, l'appel direct à la haine et à l'assassinat contre les hommes de tel ou tel parti, de telle ou telle société, de telle ou telle industrie particu- lière. Et ce ne serait pas là de la provocation directe ? La provocation directe contre une maison de banque, la plus puissante peut-être, une de ces provocations comme il en a jailli récemment dans certaines réunions publiques singulièrement tumultueuses, ce ne serait pas là la provocation directe ? »

L'apologie et la provocation doivent être publiques pour tomber sous les termes de l'article 24 de la loi de 1881, et ces deux délits sont assujettis à divers modes de perpétration énumérés par l'article 23, en dehors desquels il n'y a pas d'infraction punissable et qui sont : les discours, cris ou menaces, les écrits ou imprimés, les placards ou les affiches.

Il faut que les discours, cris ou menaces aient été *proférés* dans des lieux ou réunions publics, que les écrits et les imprimés aient été vendus ou distribués, mis en vente ou exposés en des endroits analogues, et que les placards ou affiches aient été offerts aux regards du public.

En ce qui concerne les discours, les cris ou les menaces, il est nécessaire qu'ils aient été proférés, et c'est avec intention que cette expression avait été substituée par la loi du 17 mai 1819 au mot « tenus » qui était employé par l'article 8 du décret du 18 juillet 1791, et par les articles 102 et 217 du Code pénal. La profération suppose une émission de voix élevée et parfaitement intelligible pour un plus ou moins grand nombre de personnes ; ainsi les propos à voix basse, les conversations privées, même s'ils ont eu lieu dans un endroit public, n'auront pas le caractère légal de la publicité. (Barbier, t. I, n° 248, p. 208 ; Fabreguettes, t. I, n° 719, p. 271 ; Dalloz, *Rép. supp.* v° *Presse-Outrage*, n° 449.) C'est aussi dans ce sens que s'est prononcée, à plusieurs reprises, la Cour de cassation. (Cr. rez., 26 février 1875, D. P., 77, I, 186 ; Cr. cass., 23 août 1883, D. P., 84, I, 261.)

La publicité du lieu où les discours, cris ou menaces auront été proférés sera-t-elle suffisante, à elle seule, ou bien faudra-t-il qu'il s'y joigne la présence d'une ou de plusieurs personnes ? Nous pensons que, la loi exigeant seulement que les paroles aient été proférées dans un lieu public, il n'y a pas lieu d'aller au delà et de se montrer plus rigoureux en subordonnant l'existence du délit à la présence d'auditeurs. De même pour les écrits, imprimés, placards ou affiches, il n'est pas nécessaire qu'ils soient tombés effectivement sous les yeux d'une ou de plusieurs personnes, pourvu qu'ils aient été distribués, mis en vente ou affichés dans un lieu public. « Ce qui constitue la publication, dit M. Fabreguettes (t. I, n° 733), c'est la possibilité pour le public d'entendre les paroles incriminées ; c'est pour cela que les propos confidentiels, même tenus dans un lieu public, ne sont pas réputés publics. » (Contrà, BARBIER, t. I, n° 285, p. 250 ; DALLOZ, *Rép. supp.*, *loc. cit.*, n°° 472 et 576.)

La loi du 29 juillet 1881, modifiée par celle du 12 décembre 1893, ne reconnaît pas d'autres moyens de publication du délit que ceux qu'elle a compris dans l'énumération strictement limitative de l'article 23, et toute infraction accomplie d'une autre manière est à l'abri de ses atteintes.

Avec les discours et les menaces, elle admet les cris comme modalité de la provocation et de l'apologie. Le discours consiste dans une émission orale d'une certaine longueur, exigeant un nombre plus ou moins grand de phrases ou de mots. Le cri est, au contraire, une émission de voix poussée avec effort et exprimant, dans une formule concise, une pensée qui jaillit brusquement de l'esprit. Les cris de : « Mort aux bourgeois ! Mort aux juifs ! Mort à ceux qui gouvernent ! » pourront être considérés comme une provocation directe et tomberont sous le coup de l'article 24, s'ils sont proférés publiquement.

Les cris de : « Vive Ravachol ! Vive l'anarchie ! » contiennent une véritable glorification du meurtre, de l'incendie, de la destruction et de tous les crimes préconisés par la secte, c'est-à-dire les éléments du délit d'apologie prévu par l'article 24, paragraphe 3. Telle doit être leur qualification exacte, et ils ne sauraient être considérés comme des cris séditieux qui sont essentiellement politiques et impliquent une attaque contre la Constitution.

Avant la loi du 12 décembre, ils n'étaient visés par aucun texte, et c'était par une extension peu juridique que l'usage s'était établi de les poursuivre comme cris séditieux ; le rétablissement du délit d'apologie a permis de leur restituer leur véritable caractère. Or, il y a un intérêt sérieux à fixer la qualification précise de ces faits attendu que, si, comme nous le verrons plus loin, les cris séditieux ne sont punis que d'une peine de six jours à un mois d'emprisonnement, la pénalité édictée contre l'apologie est de un an à cinq ans d'emprisonnement et de 100 à 3,000 francs d'amende.

Au contraire des cris, les chants ne sont pas reconnus comme mode légal de publication ; la provocation et l'apologie par les chansons ne sont donc pas punissables.

La provocation et l'apologie commises par les images, dessins, gravures, peintures ou emblèmes échappent également à toute répression. Ces modes de perpétration avaient cependant été retenus par la commission de la loi de 1881 sur la presse ; mais ils furent éliminés sur les observations de M. Gatineau, qui fit remarquer que la provocation réalisée à l'aide de ces moyens ne pourrait jamais être directe.

Il faut en dire autant des gestes qui ne figurent pas dans l'énumération de l'article 23. On a toutefois soutenu que les gestes devaient être compris dans les menaces; mais nous ne partageons pas cette opinion, la loi de 1881 ne s'appliquant qu'aux délits de la parole ou de la plume, et les menaces visées dans l'article 23 ne pouvant s'entendre que des menaces écrites ou parlées. (DALLOZ, *loc. cit.*, n° 447.)

Nous avons vu, sous l'article 2 de la loi du 28 juillet 1894, qu'il en sera différemment de la provocation non publique et anarchiste, qui s'étend à tous les moyens de provocation autres que ceux prévus par l'article 23 de la loi du 29 juillet 1881, et par conséquent aux gestes.

§ 1ᵉʳ. — DE LA PROVOCATION AU MEURTRE, AU PILLAGE, A L'INCENDIE, AU VOL, A LA DESTRUCTION ET AUX CRIMES CONTRE LA SURETÉ EXTÉRIEURE DE L'ÉTAT.

a) Provocation au meurtre, au pillage, à l'incendie. — La loi du 12 décembre 1893 n'a apporté aucune modification sur ce point à la législation antérieure. La provocation doit avoir pour objet le meurtre d'une personne ou d'une catégorie de personnes déterminées, le pillage ou l'incendie de marchandises, effets, denrées, propriétés mobilières ou immobilières précisés d'avance. Le meurtre doit s'entendre de tout attentat contre la vie, c'est-à-dire non seulement du meurtre, mais encore de l'assassinat, du parricide, de l'infanticide et de l'empoisonnement.

On distingue deux sortes de crimes de pillage : le premier qui consiste dans le commandement des bandes armées pour piller des propriétés publiques ou nationales, ou celles d'une généralité de citoyens, visé par l'article 56 du Code pénal, et appartenant à la catégorie des crimes contre la sûreté intérieure de l'État ; le deuxième qui est le pillage ou le dégât de propriétés mobilières commis en réunion ou en bande et à force ouverte, prévu par l'article 440 du même Code. C'est de ce dernier qu'il s'agit dans le 1ᵉʳ paragraphe de l'article 24, et non du premier qui se trouve compris dans le paragraphe 2, parmi les crimes contre la sûreté intérieure de l'État.

b) Provocation au vol. — Ce délit est une innovation de la loi du 12 décembre et non la moins heureuse, destinée à réprimer des provocations d'un genre nouveau qui se sont affirmées avec insolence dans ces derniers temps et ont produit de tristes effets. C'est ainsi qu'on a pu proclamer publiquement que l'homme a le droit de prendre sur le fonds de la richesse commune non seulement tout ce qui lui est nécessaire, mais encore tout ce qui lui fait plaisir, que le vol est légitime et le voleur « un redresseur de torts », un véritable justicier dont il faut suivre « le grand exemple¹ ». Ces théories commodes prêchées dans les réunions publiques, développées dans les journaux, ne pouvaient que rencontrer de nombreux partisans, et l'on n'a pas tardé à voir des cambrioleurs de profession déclarer devant la Cour d'assises qu'ils volaient par principe et en vertu du droit naturel.

¹ *Lettre d'Élisée Reclus à Jean Grave*, lue dans le cours des débats du procès des trente anarchistes.

Cette philosophie à l'usage des voleurs a pu être exposée et enseignée de mille manières, en face de l'insuffisance des lois, et l'excès est devenu si grand que la nécessité s'est imposée d'y mettre un terme. Un moment on a hésité dans la crainte de porter atteinte à la liberté de penser ; mais le bon sens a fini par l'emporter et l'on a reconnu que, du moment que le vol est puni par la loi, ceux qui excitent à le commettre ne sont pas moins coupables et ne doivent pas être épargnés.

L'article 24 punit la provocation soit au crime, soit au délit de vol, c'est-à-dire au vol simple, aussi bien qu'à celui qui est accompagné de circonstances aggravantes. Il n'y avait pas lieu de distinguer entre eux, parce que la provocation est aussi immorale et odieuse dans un cas que dans l'autre, et de nature à produire le même résultat. La provocation à toutes les formes du vol, énumérées dans la première section du chapitre ii, titre II, livre III du Code pénal, sera donc punissable. Il faudra toutefois en excepter plusieurs articles qui prévoient des délits ne rentrant en aucune façon dans la définition du vol précisée par l'article 379, et concernant : 1° l'altération par les bateliers ou voituriers des marchandises qu'ils sont chargés de transporter ; 2° la contrefaçon et l'altération des clefs ; 3° l'extorsion de signature, le chantage et le détournement d'objets saisis. Mais tombera sous l'application de l'article 24 la provocation aux vols de récoltes, de bois, de pierres et d'instruments domestiques qui impliquent nécessairement l'idée d'une soustraction frauduleuse, élément essentiel et indispensable du vol.

Que faudra-t-il décider pour la filouterie d'aliments,

délit créé par la loi du 20 juillet 1873 et ajouté à l'article 401 par un paragraphe additionnel? Ce délit n'est pas un véritable vol au sens absolu du mot, puisqu'il se commet sans la *contrectatio*, la soustraction frauduleuse : nous pensons cependant qu'il doit être considéré comme tel, parce que les manœuvres employées pour se faire remettre les aliments se rattachent étroitement aux larcins et filouteries de l'article 401 à la suite duquel il a été placé. N'est-ce pas, d'ailleurs, sous les noms de *vol d'aliments*, *filouterie d'aliments*, que la grivèlerie est souvent désignée?

Enfin, lors de la discussion du projet primitif, le rapporteur, M. Lasserre, s'était expliqué sur ce point dans les termes suivants : « Ne croit-on pas, par exemple, que la provocation au vol d'aliments chaque jour murmurée à l'oreille de celui qui a faim ne peut finir, un jour, par avoir raison de son honnêteté et le pousser à commettre un délit dont il viendra ensuite rendre compte en police correctionnelle, pendant que le provocateur se retranchera derrière la liberté de la presse? »

c) Provocation à la destruction à l'aide d'engins explosifs ou au dépôt d'un engin. — Le 1er paragraphe de l'article 24 prévoit la provocation à l'un des crimes punis par l'article 435 du Code pénal, qui sont: 1° la destruction volontaire par l'effet d'une mine ou de toute autre substance explosible de tous objets mobiliers et immobiliers: 2° le dépôt, dans une intention criminelle, d'un engin explosif sur une voie publique ou privée.

La loi du 2 avril 1892, votée le lendemain des explosions de la rue de Clichy et du boulevard Magenta, a modifié l'article 435 du Code pénal en étendant ses dispositions à la destruction par l'effet de toute substance explosible. On a contesté l'utilité de cette loi, et nous croyons que c'est à tort, attendu que l'ancien article 435 ne s'appliquait qu'à la destruction, par la mine des édifices, navires, bateaux, magasins ou chantiers, et n'atteignait pas les autres moyens de destruction par voie d'explosion, quelque graves qu'en aient été les résultats, par exemple la destruction par une *galerie souterraine*, même appelée *mine*. (DALLOZ, *Code pénal annoté*, article 435, n° 37 et 38.) De plus, l'énumération des choses auxquelles s'appliquait le crime de destruction de l'ancien article 435 était limitative et, par conséquent, laissait en dehors de ses atteintes les digues, chaussées, ponts, voies publiques, véhicules ou wagons, visés par la loi du 2 avril 1892 qui va jusqu'à comprendre tous objets mobiliers ou immobiliers de quelque nature qu'ils soient. Enfin, le nouvel article 435 punit des peines du crime lui-même le simple dépôt d'un engin explosif fait sur une voie publique et privée dans une intention criminelle. Cette loi a donc eu le mérite d'atteindre des faits jusque-là impunis, de protéger par des peines redoutables des choses qui ne l'étaient pas, et de réaliser ainsi un notable progrès dans notre législation pénale.

La provocation au meurtre, au pillage et à l'incendie étant déclarée délictueuse, il était logique et nécessaire de lui assimiler la provocation à un crime encore plus redoutable pour les personnes et les propriétés, afin d'enlever tout espoir d'impunité à ceux qui font argent et métier de pousser les autres au crime et à l'échafaud.

d) Provocation aux crimes contre la sûreté extérieure de l'État. — Dans la loi du 25 juillet 1881, l'article 24 ne distinguait pas entre les crimes et délits contre la sûreté extérieure et ceux commis contre la sûreté intérieure de l'État. Ils étaient tous désignés sous le nom de « crimes contre la sûreté de l'État », et nous savons que cette distinction fut l'œuvre de la commission nommée à la Chambre des députés pour l'examen du projet primitif déposé en 1892.

Les crimes contre la sûreté extérieure de l'État sont prévus par les articles 75 et suivants du Code pénal, jusques et y compris l'article 85 du même Code. Nous en avons donné l'énumération sous l'article 1er de la loi du 28 juillet 1894 ; il nous suffit de rappeler qu'il s'agit de la trahison sous toutes ses formes, de l'espionnage et de la désertion.

Le paragraphe 1er du nouvel article 24 aggrave la pénalité antérieurement prononcée par la loi du 29 juillet 1881 et porte à une durée de un an à cinq ans l'emprisonnement qui était de trois mois à deux ans. L'amende, qui était de 100 francs à 3,000 francs, reste la même.

Telle est l'économie du premier alinéa de l'article 24 modifié. Il s'applique à la seule provocation publique et directe au vol, au meurtre, au pillage, à l'incendie, à la destruction et aux crimes contre la sûreté extérieure de l'État, c'est-à-dire à la trahison sous quelque forme que ce soit.

§ 2. — DE LA PROVOCATION DIRECTE ET PUBLIQUE AUX CRIMES CONTRE LA SURETÉ INTÉRIEURE DE L'ÉTAT

Ces crimes sont ceux prévus par les articles 86 et suivants jusques et y compris l'article 101 du Code pénal. Il faut en retrancher les attentats et complots dirigés contre l'empereur et sa famille, comme incompatibles avec le régime républicain sous lequel les crimes contre la vie ou contre la personne du chef de l'État sont retombés sous le droit commun, ainsi que les attentats ayant pour but de changer l'ordre de successibilité au trône. Les crimes contre la sûreté intérieure de l'État visés par le paragraphe 2 de l'article 24 sont donc actuellement : 1° l'attentat dont le but est de détruire ou de changer le Gouvernement, soit d'exciter les citoyens à s'armer contre l'autorité du chef de l'État ; 2° les attentats tendant à troubler l'État par la guerre civile, l'illégal emploi de la force armée, la dévastation, le massacre et le pillage publics.

Les provocations à ces divers crimes doivent être nettement directes, c'est-à-dire contenir une excitation formelle, expresse, patente, à commettre l'un des faits ci-dessus déterminés, et des exhortations vagues, déguisées, ne suffiraient pas ; il y faut un appel catégorique à la force, au soulèvement ou à l'insurrection. C'est ainsi qu'un arrêt de la Cour de Paris, du 9 février 1883, a décidé que le manifeste du prince Napoléon, affiché dans Paris en 1882, ne constituait pas le délit de provocation directe à l'un des crimes contre la sûreté de l'État, les critiques, même les plus acerbes, contre la République, et l'affirmation d'un prétendu droit plébiscitaire n'étant pas une excitation suffisante à commettre l'attentat. (*Le Droit*, 10 février 1883.)

La provocation aux crimes contre la sûreté intérieure est punie des mêmes peines que la provocation aux crimes contre la sûreté extérieure de l'État, c'est-à-dire d'un emprisonnement d'un an à cinq ans et d'une amende de 100 à 3,000 francs.

La provocation à ces crimes, essentiellement politiques, est laissée en dehors de la loi du 28 juillet 1894 sur les menées anarchistes; elle sera donc, dans tous les cas, de la compétence de la Cour d'assises, alors même qu'elle présenterait les caractères de l'anarchisme, et, si elle n'est ni publique ni directe, elle ne tombera sous le coup d'aucune disposition pénale.

§ 3. — DE L'APOLOGIE DES CRIMES DE MEURTRE, PILLAGE, INCENDIE, DU VOL, OU DES CRIMES PRÉVUS PAR L'ARTICLE 435 DU CODE PÉNAL.

Nous avons déjà dit que la loi de 1881 sur la presse avait supprimé le délit d'apologie de faits qualifiés crimes et délits, et procuré ainsi l'impunité à la glorification de l'assassinat, du pillage ou de la destruction, comme à l'exaltation des plus abominables scélérats.

Le projet primitif, présenté en 1892, ne contenait pas le rétablissement de ce délit, qui n'a été introduit dans la loi qu'à la suite du nouveau projet présenté par le Gouvernement, le 11 décembre 1893.

M. Dubost, garde des sceaux, après avoir donné lecture, à la tribune de la Chambre des députés, d'un placard contenant l'approbation de Pallas, et d'un article de la *Revue anarchiste* sur le crime de Léauthier, justifiait de la nécessité de réprimer l'apologie en ces termes : « Eh bien ! Messieurs, sont-ce là des provocations directes ? Non ! ce sont des apologies pures et simples qui, à cette heure, ne tombent pas sous l'application des lois, qui sont impunies, complètement impunies et qui, cependant, forment le fond de l'enseignement anarchiste, les lectures habituelles des néophytes de l'association, leur unique nourriture intellectuelle et morale. « Je demande si, après quelque temps d'une pareille éducation, les jeunes néophytes ne sont pas de tout point préparés à commettre tous les crimes? »

Le tableau esquissé par M. le garde des sceaux n'était, hélas! que trop vrai, et la liberté de l'apologie et de la provocation indirecte dont on avait fait un usage insensé, soit dans les journaux, soit dans les réunions anarchistes, avait déjà causé d'irréparables ravages dans les esprits.

« Cette louange du crime est la plus directe des provocations, disait M. Pourquery de Boisserin. Pour les esprits faibles, elle transforme parfois les pires scélérats en héros; pour les aigris, les malheureux, les désespérés, les utopistes, elle ajoute à leur désespérance le mirage de la renommée, excite leur imagination déjà exaltée par la souffrance. »

Il était donc nécessaire d'en finir avec ces odieux excès de langage, et l'on ne peut qu'applaudir à la restauration du délit d'apologie dans la loi pénale.

La loi du 12 décembre 1893 ne punit pas l'apologie de tous les faits qualifiés crimes et délits, comme le faisait la législation antérieure à la loi de 1881 : elle vise seulement l'apologie de certains crimes et délits déterminés, qui sont : le vol, le meurtre, le pillage, l'incendie et la destruction à l'aide d'engins explosifs. Cette énumération est strictement limitative et ne saurait être étendue par assimilation ou analogie.

Nous remarquons que les crimes ou délits contre la sûreté extérieure ou intérieure de l'État ne figurent pas parmi ceux dont l'apologie est punissable, et il est permis de le regretter, l'esprit public et l'ordre social n'ayant pas plus à gagner à la glorification de la trahison ou de la guerre civile qu'à l'apologie de la bombe et du poignard.

A la vérité, la loi de 28 juillet 1894, dans son article 2, vise l'apologie des crimes contre la sûreté extérieure de l'État ; mais ces dispositions ne s'appliquent qu'à l'apologie non publique et contenant une incitation anarchiste. Hors de là, il n'y a pas de délit, et l'apologie de la trahison, de l'espionnage, de l'insurrection, de la guerre civile, visés par les articles 75 à 101 du Code pénal, jouit, à cette heure, de l'impunité.

Sans doute, ce sont là des délits politiques; mais ils n'en constituent pas moins un trouble profond pour la société, et leur apologie, surtout lorsqu'elle est faite dans un temps d'effervescence, est bien capable d'égarer certains esprits fanatiques et de les pousser à des crimes dont leurs auteurs auront à rendre compte, tandis que ceux qui les auront provoqués par une apologie enflammée n'auront rien à craindre.

Nous pensons, du reste, que cette omission est involontaire ; car, si nous interrogeons les travaux préparatoires, nous y voyons que les orateurs du Gouvernement ont toujours parlé sur cette question comme si l'apologie des crimes contre la sûreté de l'État était comprise dans le paragraphe 3 de l'article 24.

Dans l'exposé des motifs de la loi, après avoir énuméré les crimes dont la provocation était punie par l'article 24, et notamment ceux commis contre la sûreté de l'État, M. Casimir-Périer, président du Conseil, s'exprimait ainsi : « *L'apologie des crimes ci-dessus spécifiés* échappe à toute sanction pénale. La loi laisse ainsi la société sans défense contre des excitations qui constituent un danger social au même titre et au même degré que la provocation directe... Des événements récents ont démontré la nécessité de ne laisser aux provocateurs aucun moyen d'échapper aux rigueurs de la loi. »

Plus loin, M. Dubost, garde des sceaux, précisant les différences existant entre la loi votée par le Sénat au mois de janvier 1893 et celle proposée par le Gouvernement le 11 décembre, disait : « En premier lieu, les pénalités actuellement édictées sont aggravées. En second lieu, nous vous proposons de décider que dorénavant *l'apologie des crimes spécifiés dans le paragraphe* 1er *de la loi du 29 juillet 1881 sera punie comme la provocation directe non suivie d'effet.* »

C'était très clair, et il résulte nettement de ces paroles qu'il entrait bien dans la pensée du Gouvernement d'atteindre l'apologie de tous les crimes ou délits spécifiés dans le paragraphe 1er de l'article 24 qui comprend les crimes contre la sûreté extérieure de l'État.

Plus loin encore, sous la discussion de l'article 49, M. le garde des sceaux disait « qu'il était nécessaire, lorsqu'il s'agit de provocations à des crimes contre la sûreté extérieure de l'État *ou d'apologie de ces crimes,* de mettre à la disposition de la justice des moyens d'action plus énergiques, etc... Au contraire, ni la saisie ni l'arrestation préventives ne pourront avoir lieu quand une provocation directe à des crimes contre la *sûreté intérieure* de l'État ou *l'apologie de ces crimes aura été commise.* » Il semblerait donc résulter de ces paroles que le législateur a eu l'intention d'atteindre même l'apologie des crimes contre la sûreté intérieure de l'État, en exemptant toutefois ce délit de la saisie et de l'arrestation préventives.

Quoi qu'il en soit, ces crimes ont été omis dans l'énumération du paragraphe 3 de l'article 24, et leur apologie échappe, par conséquent, à toute répression.

§ 4. — DES CRIS OU CHANTS SÉDITIEUX

La loi du 12 décembre 1893 n'a pas touché au deuxième alinéa de l'ancien article 24, qui est aujourd'hui devenu le paragraphe 4 ; aussi nous n'en parlerons que pour présenter le tableau complet des délits de l'article 24 modifié.

On sait, du reste, ce qu'on entend par cris ou chants séditieux : ce sont des cris ou des chansons contenant une attaque contre les institutions politiques et une provocation à l'insurrection. Ces délits ont donc un caractère politique incontestable.

Les cris ou chants séditieux ne tombent sous le coup de la loi que sous la condition de publicité. Ils sont punis d'un emprisonnement de six jours à un mois et d'une amende de 16 francs à 500 francs ou de l'une de ces deux peines seulement.

Enfin, ils sont toujours de la compétence de la Cour d'assises, et la loi du 28 juillet 1894 sur les menées anarchistes n'a rien innové en ce qui les concerne.

ARTICLE 25

« Toute provocation par l'un des moyens énoncés en l'article 23, adressée à des militaires des armées de terre ou de mer dans le but de les détourner de leurs devoirs militaires et de l'obéissance qu'ils doivent à leurs chefs dans tout ce qu'ils leur commandent pour l'exécution des lois et règlements militaires, sera punie d'un emprisonnement de un an à cinq ans et d'une amende de 100 francs à 3,000 francs. »

CHAPITRE II

DE L'EXCITATION DES MILITAIRES A LA DÉSOBÉISSANCE

La loi du 12 décembre 1893 n'a modifié l'article 25 de la loi sur la presse qu'au point de vue de la pénalité, qui était seulement d'un emprisonnement d'un à six mois et d'une amende de 16 à 100 francs. On peut dire qu'une telle sanction était dérisoire pour réprimer des excitations aussi coupables que celles qui tendent à provoquer les militaires à l'insurrection. C'était presque l'impunité, et c'est avec raison que la peine édictée par la loi du 12 décembre est devenue la même que celle de la provocation de l'article 24 : un an à cinq ans d'emprisonnement et 100 à 3.000 francs d'amende [1].

Il ne s'agit toujours ici que de l'excitation à la désobéissance, commise publiquement par l'un des moyens énoncés en l'article 23; mais il n'est pas nécessaire qu'elle soit directe, l'article 25, à la différence de ceux qui le précèdent, visant, « toute provocation » directe ou indirecte, spéciale ou générale.

L'excitation non publique, qui échappait à toute répression, se trouve aujourd'hui punie par les para-

---

[1] « Nous avons pensé, disait M. Lasserre, à la Chambre des députés, le 16 novembre 1892, qu'il serait profondément immoral d'admettre et de sanctionner dans un texte législatif que la provocation à la désobéissance dans l'armée pût constituer un délit moins grave que la provocation aux crimes qui sont punis par l'article 24. »

Le 18 du même mois, M. Pourquery de Boisserin demandait si l'article 25 ne pourrait pas atteindre un candidat qui, dans le cours d'une polémique électorale, critiquerait les choix faits par le ministre de la Guerre, ce qui pourrait entraîner des actes de désobéissance. M. Ricard, garde des sceaux, lui répondit que de pareils discours ne tomberaient pas sous le coup des dispositions de l'article 25, qui ne pourrait être appliqué que lorsque la provocation à l'indiscipline se produirait dans une réunion où se trouveraient des militaires. « Toute autre interprétation, ajoutait M. Ricard, serait contraire aux intentions du législateur de 1881. Le projet du Gouvernement, comme celui de la commission, ne modifie en aucune façon les termes de cet article; il se borne à renforcer les pénalités. »

Enfin, M. Trarieux, dans son rapport au Sénat, s'exprimait ainsi : « Si, d'un côté, provoquer à l'assassinat et à l'incendie semble indiquer une perversité plus grande que de chercher à détourner des militaires de leurs devoirs, de l'autre il n'est pas d'attentat plus grave pour la chose publique que de faire appel à l'indiscipline dans l'armée, et de s'attaquer, par ce moyen, à l'existence du corps social et de la nationalité elle-même. Le danger du résultat, dans un cas, compense le caractère particulièrement répulsif de l'autre, et l'égalité des peines, dans les deux, nous paraît pleinement justifiée. »

graphes 3 et 4 de l'article 2 de la loi du 28 juillet 1894 : le premier visant l'excitation non publique ayant un caractère anarchiste, et le second l'excitation non publique dépourvue de ce caractère. Toutes les deux sont punies de la même peine, trois mois à deux ans d'emprisonnement et 100 francs à 2,000 francs d'amende, sauf que la relégation peut être appliquée à la première et non à la deuxième.

Le délit d'excitation des militaires à la désobéissance envers leurs chefs ne doit pas être confondu avec la tentative d'*embauchage*, qui consiste dans la provocation à faire passer des militaires à l'ennemi ou aux armées rebelles. Qu'elle ait été ou non suivie d'effet, elle est punie de mort, même lorsqu'elle est réalisée par la voie de la presse ; mais elle soulève la délicate question de savoir si, dans certains cas, la tentative d'embauchage n'a pas un caractère politique, et si celui qui s'en est rendu coupable ne doit pas échapper à la peine capitale supprimée en matière politique et remplacée par la déportation dans une enceinte fortifiée[1]. (DALLOZ, *loc. cit.*, n° 614.)

[1] A la suite de l'insurrection de la Commune, Gaston Crémieux fut condamné par un conseil de guerre et fusillé pour tentative d'embauchage au moyen de discours, et, dans la discussion de la loi de 1881, M. Ballue ayant rappelé cet événement, M. Rouvier s'écria : « M. Gaston Crémieux a été exécuté en violation de la loi qui a aboli la peine de mort en matière politique. »

ARTICLE 49

« Immédiatement après le réquisitoire, le juge d'instruction pourra, mais seulement en cas d'omission du dépôt prescrit par les articles 3 et 10 ci-dessus, ordonner la saisie de quatre exemplaires de l'écrit, du journal ou du dessin incriminé.

§ 2. — « Toutefois, dans les cas prévus aux articles 24, paragraphes 1 et 3, et 25 de la présente loi, la saisie des écrits ou imprimés, des placards ou affiches, aura lieu conformément aux règles édictées par le Code d'instruction criminelle.

§ 3. — « Si le prévenu est domicilié en France, il ne pourra être préventivement arrêté, sauf dans les cas prévus aux articles 23, 24, paragraphes 1er et 3, et 25 ci-dessus.

§ 4. — « S'il y a condamnation, l'arrêt pourra, dans les cas prévus aux articles 24, paragraphe 1er et 3, et 25, prononcer la confiscation des écrits ou imprimés, placards ou affiches saisis, et, dans tous les cas, ordonner la saisie et la suppression ou destruction de tous les exemplaires qui seraient mis en vente, distribués ou exposés aux regards du public. Toutefois, la suppression ou la destruction pourra ne s'appliquer qu'à certaines parties des exemplaires saisis. »

CHAPITRE III

DE LA SAISIE ET DE L'ARRESTATION PRÉVENTIVES
COMPÉTENCE

Sous la législation antérieure, la saisie préventive n'était autorisée par l'article 49 que dans le cas d'omission du dépôt prescrit par les articles 3 et 10 de la loi sur la presse, et encore le juge d'instruction ne pouvait faire saisir que quatre exemplaires de l'écrit ou du dessin. Les journaux contenant la provocation aux crimes les plus cyniques pouvaient circuler librement, être distribués et mis en vente jusqu'à la condamnation, et le scandale se continuait insolemment jusqu'au jour où le jugement, qui lui donnait un regain d'actualité, devenait définitif.

Quant à l'arrestation préventive, elle n'était possible que dans deux cas : lorsque l'inculpé n'était pas domicilié en France, ou en cas de crime, c'est-à-dire lorsque la provocation au crime avait été suivie d'effet.

Les auteurs de provocations par la voie de la presse jouissaient ainsi de privilèges exorbitants dont ils ne manquèrent pas d'abuser, et l'on put voir les conféren-ciers anarchistes, Martinet, Dupont et Sébastien Faure, poursuivre leurs funestes prédications, même après le jugement dont ils retardaient l'exécution par toutes sortes de moyens dilatoires. Cet état de choses était intolérable et il était devenu urgent d'y porter remède par la réforme de l'article 49 de la loi de 1881.

Nous avons dit qu'au moment de la discussion du premier projet de loi cet article provoqua une vive opposition sur les bancs de la Chambre, où il fut impossible de le faire adopter. Mais, à la suite de l'attentat de Vaillant, le Parlement ne refusa pas au Gouvernement les armes dont il déclarait avoir besoin, et il faut reconnaître que la saisie et l'arrestation préventives étaient les instruments les plus sûrs pour mettre un frein à la propagande des apôtres de l'anarchie. C'est ainsi qu'au lendemain du vote de la loi du 12 décembre nous avons vu l'orateur attitré de l'anarchie, Sébastien Faure, à sa sortie de Clairvaux, pris d'une sagesse subite, faire à Saint-Chamond, dans une région où il a perverti tant de jeunes cerveaux, une conférence prudente qui fut une déception pour les compagnons accourus pour l'entendre, et à la suite de laquelle il prit la précaution de se faire délivrer par ses auditeurs des certificats de bonne conduite.

Le premier paragraphe de l'article 49 n'est pas modifié; il autorise le juge d'instruction, dans le cas où le dépôt légal n'a pas été effectué, à faire saisir quatre exemplaires de l'écrit ou du journal motivant la poursuite, à seule fin de constater « l'identité de l'objet incriminé », disait la circulaire du garde des sceaux, du 9 novembre 1881.

Le paragraphe 2 autorise également la saisie des écrits ou imprimés, des placards ou affiches, conformément aux règles du Code d'instruction criminelle dans les cas prévus aux articles 24, § 1 et 3, et 25 de la loi.

La saisie préventive est donc permise dans les cas suivants :

1° De provocation non suivie d'effet au vol ou aux crimes de meurtre, de pillage, d'incendie, de destruction à l'aide d'engins explosifs, ou des crimes ou délits contre la sûreté extérieure de l'État ;

2° D'apologie du meurtre, du pillage, de l'incendie, du vol ou de la destruction ;

3° D'excitation des militaires à la désobéissance.

Le paragraphe 2 de l'article 49 ne mentionne pas les crimes de l'article 23 parmi ceux où la saisie préventive est autorisée. Cette omission est assurément involontaire, car le législateur n'a pas pu vouloir atteindre des écrits contenant les provocations non suivies d'effet, pour épargner ceux qui ont produit tout leur effet en armant la main pour le crime. Mais les faits de l'article 23 ne figurant pas dans le paragraphe 2 de l'article 49, il nous paraît certain que la saisie des écrits ne pourra pas être légalement opérée dans cette hypothèse.

Quant à l'arrestation préventive, elle pourra être ordonnée dans cinq cas différents qui sont les suivants:

1° Contre les inculpés non domiciliés en France (§ 3 de l'article 40) ;

2° Contre les personnes visées à l'article 23, c'est-à-dire les auteurs des provocations suivies d'effet, à toute action qualifiée crime ou délit. La loi de 1881 n'autorisait la détention préventive qu'autant que la provocation avait donné lieu à un crime ou à une tentative de crime. Il n'en sera plus ainsi et toute provocation commise par l'un des moyens énumérés dans l'article 23 et ayant engendré n'importe quel crime ou délit pourra justifier l'arrestation immédiate du coupable. En effet, le nouveau paragraphe 3 de l'article 49 ne distingue pas entre le crime ou le délit se rattachant directement à la provocation, et il autorise l'arrestation préventivedans tous les cas prévus à l'article 23, lequel punit comme complices d'une action qualifiée crime ou délit ceux qui en ont directement provoqué les auteurs;

3° Contre les auteurs des provocations non suivies d'effet au vol, au meurtre, au pillage, à l'incendie, aux explosions et aux crimes et délits contre la sûreté extérieure de l'État, visés au paragraphe 1er de l'article 24;

4° Contre les auteurs de l'apologie du meurtre, du pillage, de l'incendie, des explosions et du vol, visée au paragraphe 3 de l'article 24;

5° Contre les auteurs d'excitations des militaires à la désobéissance, faisant l'objet de l'article 25.

On remarquera que la saisie et l'arrestation préventives sont autorisées dans les cas de provocation aux crimes et délits contre la sûreté extérieure de l'État, tandis qu'elles ne le sont pas à l'égard des crimes et délits contre la sûreté intérieure.

Cette distinction est l'explication et le but de la division, en deux catégories, des crimes contre la sûreté de l'État, établie dans l'article 24 [1].

---

[1] « L'honorable M. Habert me demande pourquoi, disait M. Dubost, garde des sceaux, devant la Chambre des députés, dans la loi qui vous est proposée, une distinction est faite entre les crimes contre la sûreté extérieure de l'État et les crimes contre la sûreté intérieure.

La raison est la suivante, et je pense qu'elle donnera satisfaction même à l'honorable M. Jullien: nous avons pensé qu'il était nécessaire, lorsqu'il s'agit de provocations à des crimes contre la sûreté extérieure de l'État ou d'apologies de ces crimes, de

Par qui la saisie et l'arrestation préventives seront-elles ordonnées ? En ce qui concerne la saisie, l'article 49 fait une distinction: dans le cas d'omission du dépôt légal, la saisie de quatre exemplaires ne peut être ordonnée que par le juge d'instruction ; mais, dans les cas prévus aux articles 24, § 1 et 3, et 25, « la saisie aura lieu conformément aux règles du Code d'instruction criminelle ». Elle pourra donc être prescrite, dans le cas de flagrant délit, par le procureur de la République en vertu des articles 32 et suivants du même Code, à la condition qu'il requerra immédiatement le juge d'instruction conformément aux prescriptions de l'article 45.

Il en sera de même pour l'arrestation préventive. C'est ce qui a été dit dans l'exposé des motifs de la loi et répété à plusieurs reprises dans le cours de la discussion. Le législateur a voulu faire rentrer les délits de provocation dans le droit commun et autoriser l'arrestation de ceux qui s'en rendent coupables, au même titre et dans les mêmes conditions que les auteurs des autres crimes ou délits, c'est-à-dire au moment même où ils se commettent ou viennent de se commettre. « Je crois, disait M. Lasserre, rapporteur,

mettre à la disposition de la justice des moyens d'action plus énergiques que lorsque nous nous trouvons en face de provocations à des crimes contre la sûreté intérieure de l'État. C'est pour cette raison que nous avons cru devoir inscrire dans l'article 49 une disposition permettant de pratiquer la saisie des écrits, affiches, placards ou imprimés et de faire procéder à l'arrestation préventive.

Au contraire, ni la saisie ni l'arrestation préventives ne pourront avoir lieu quand une provocation directe à des crimes contre la sûreté intérieure de l'État ou l'apologie de ces crimes aura été commise. »

à la séance de la Chambre du 19 novembre 1892, qu'il est nécessaire que l'inculpé puisse être arrêté immédiatement, au moment même où le crime est commis. » M. Trarieux, dans son rapport au Sénat du 19 décembre suivant, exprimait la même pensée en disant : « Il nous a paru qu'il n'y avait point à hésiter à revenir aux règles générales et communes... ; » et le même orateur, rapporteur au Sénat de la loi du 12 décembre 1893, proclamait, également dans la séance de ce jour, qu'il n'y avait pas à modifier le droit commun dans une matière où les auteurs des délits ne paraissent justifier aucune faveur particulière.

Toutefois, comme pour la saisie, le procureur de la République devra aussitôt saisir le juge d'instruction, la poursuite par voie de citation directe ne comportant pas l'arrestation préventive, et la procédure instituée par la loi du 20 mai 1863 sur les flagrants délits n'étant pas applicable aux délits de presse.

Il est presque inutile d'ajouter que les règles de la mise en liberté provisoire édictées dans l'article 113 du Code d'instruction criminelle sont applicables en cette matière et que, dès lors, l'inculpé peut en bénéficier dans tous les cas où le juge d'instruction le trouvera à propos.

Au moment de la discussion du projet primitif, le Sénat avait adopté une disposition additionnelle à l'article 49, qui n'était autre que l'amendement présenté par M. Gerville-Réache à la Chambre des députés, et qui était ainsi conçu :

« En cas d'arrestation préventive ou de saisie, l'inculpé pourra demander sa mise en liberté provisoire ou la mainlevée de la saisie.

« Le juge d'instruction, après avoir entendu le procureur de la République, devra statuer dans un délai de vingt-quatre heures.

« L'ordonnance sera signifiée dans le même délai.

« Le procureur de la République et l'inculpé auront, dans les vingt-quatre heures de la signification de l'ordonnance, droit de former opposition devant la Chambre des mises en accusation, qui statuera dans les cinq jours.

« Si aucune décision n'est intervenue avant l'expiration de ce délai, l'inculpé devra être mis en liberté, et les pièces saisies seront restituées. »

M. Pourquery de Boisserin reprit cette proposition, le 11 décembre 1893, en vue, disait-il, de diminuer l'arbitraire laissé au juge d'instruction et au procureur de la République en cette matière ; mais M. le garde des sceaux combattit cette disposition, parce qu'il n'y avait pas de raison pour faire bénéficier d'une dérogation au droit commun les personnes contre lesquelles la loi était dirigée, et c'est dans ce sens que la Chambre se prononça.

Après la condamnation et lorsqu'il y aura eu saisie préventive, l'arrêt ou le jugement pourront prononcer la confiscation des écrits, imprimés, placards ou affiches saisis. Dans tous les cas, la saisie et la suppression de tous les exemplaires mis en vente, distribués ou exposés aux regards du public pourront être ordonnées par les cours et tribunaux, sauf le droit de n'appliquer cette mesure qu'à la partie de l'œuvre reconnue criminelle ou délictueuse.

COMPÉTENCE

La loi du 12 décembre 1893 n'a pas modifié la juridiction devant connaître des délits auxquels elle s'applique. Ils continuent donc à être de la compétence du jury.

Toutefois, la loi du 28 juillet 1894 a dérogé à cette règle et attribué ces délits à la police correctionnelle, lorsqu'ils ont un caractère anarchiste, sauf la provocation aux crimes contre la sûreté intérieure de l'État et les cris et chants séditieux, qui restent, dans tous les cas, de la compétence de la Cour d'assises.

LOI

Du 18 décembre 1893 sur les associations de malfaiteurs [1]

Le Sénat et la Chambre des députés ont adopté,

Le Président de la République promulgue la loi dont la teneur suit :

ARTICLE PREMIER. — Les articles 265, 266 et 267 du Code pénal sont remplacés par les dispositions suivantes :

« ART. 265. — Toute association formée, quelle que soit

[1] *Exposé des motifs :*

Le Code pénal considère toute association de malfaiteurs envers les personnes ou les propriétés comme un crime contre la paix publique. Le fait seul de l'association organisée entre les malfaiteurs constitue en effet par lui-même un danger contre lequel la société doit se prémunir.

Toutefois, le crime n'est caractérisé que par l' « organisation de bandes ou de correspondances entre elles et leurs chefs ». Justifiée par les formes particulières sous lesquelles se manifestaient, lors de la promulgation du Code pénal, les associations de malfaiteurs, cette disposition ne suffit plus pour faire face aux nécessités de l'heure présente.

— Aujourd'hui, des associations de malfaiteurs se forment qui ne présentent plus les mêmes caractères. Leur mode d'action ne comporte ni « organisation de bandes » ni subordination des associés à leurs chefs. Si les individus affiliés à ces associations y sont rattachés par le lien d'une entente commune, ils n'en conservent pas moins, dans certains cas, leur indépendance pour le choix des moyens d'exécution.

— Dans ces conditions, les chances d'impunité se multiplient de sa durée ou le nombre de ses membres, toute entente établie dans le but de préparer ou de commettre des crimes contre les personnes ou les propriétés, constituent un crime contre la paix publique.

« Art. 266. — Sera puni de la peine des travaux forcés à temps quiconque se sera affilié à une association formée ou aura participé à une entente établie dans le but spécifié à l'article précédent.

« La peine de la relégation pourra en outre être prononcée, sans préjudice de l'application des dispositions de la loi du 30 mai 1854 sur l'exécution de la peine des travaux forcés.

« Les personnes qui se seront rendues coupables du crime mentionné dans le présent article seront exemptes de peine si, avant toute poursuite, elles ont révélé aux autorités constituées l'entente établie ou fait connaître l'existence de l'association.

« Art. 267. — Sera puni de la réclusion quiconque aura sciemment et volontairement favorisé les auteurs des crimes prévus à l'article 265 en leur fournissant des instruments de crime, moyens de correspondance, logement ou lieu de réunion.

telle sorte que les motifs qui ont déterminé le législateur à punir le seul fait de l'association de malfaiteurs s'imposent avec plus de force encore. Il importe, en effet, de ne pas être obligé d'attendre, pour que la justice intervienne, que des attentats préparés contre les personnes ou les propriétés aient reçu leur exécution. La sécurité publique est à ce prix.

Pour assurer à la répression toute efficacité, il est nécessaire que les individus affiliés à ces associations ne rencontrent ni aide ni assistance dans la préparation de leurs actes criminels. Ceux qui, sciemment et volontairement, leur auront fourni des instruments de crime, des moyens de correspondance, logement, lieu de retraite ou de réunion, seront passibles de la pénalité édictée en l'article 267. Il est formellement spécifié que ce concours devra être prêté sciemment et volontairement. La nécessité de pareilles dispositions a été depuis longtemps reconnue, et la commission de revision du Code pénal a déjà élaboré un projet de même nature.

« Le coupable pourra, en outre, être frappé, pour la vie ou à temps, de l'interdiction de séjour établie par l'article 19 de la loi du 27 mai 1885.

« Seront, toutefois, applicables au coupable des faits prévus par le présent article les dispositions contenues dans le paragraphe 3 de l'article 266. »

ART. 2. — L'article 268 du Code pénal est abrogé.

La présente loi, délibérée et adoptée par le Sénat et par la Chambre des députés, sera exécutée comme loi de l'État.

Fait à Paris, le 18 décembre 1893.

CARNOT.

Par le Président de la République :

Le président du Conseil, ministre des Affaires étrangères,
CASIMIR-PERIER.

Le garde des Sceaux, ministre de la Justice,
ANTONIN DUBOST.

Le ministre de l'Intérieur,
D. RAYNAL.

ARTICLE 265

« Toute association formée, quelle que soit sa durée ou le nombre de ses membres, toute entente établie dans le but de préparer ou de commettre des crimes contre les personnes ou les propriétés, constituent un crime contre la paix publique. »

CHAPITRE I

DE L'ASSOCIATION DES MALFAITEURS ET DE L'ENTENTE

L'idée d'appliquer aux anarchistes les textes relatifs aux associations de malfaiteurs remonte au ministère présidé par M. Loubet, en 1892. A la suite des attentats commis à Paris, les parquets furent invités à ouvrir des informations contre les anarchistes en vertu des articles 265 et suivants du Code pénal, et un grand nombre d'arrestations furent opérées ; mais, si elles permirent de jeter un coup de sonde dans les rangs de la secte et de se rendre compte des origines et de l'étendue du mal, il faut reconnaître que les investigations auxquelles on se livra ne firent pas découvrir les éléments juridiques du crime d'association de malfaiteurs.

D'autres tentatives isolées furent faites, plus tard, mais elles n'eurent pas plus de succès.

L'expérience démontra donc l'impossibilité d'appliquer aux anarchistes les dispositions des articles 265 et suivants du Code pénal, et l'on songea, dès lors, à adapter ces textes à la situation nouvelle créée par le développement de la secte.

La résolution d'assimiler les anarchistes à des malfaiteurs était juste. Quel autre nom donner, en effet, à ceux qui se font honneur de préconiser et de pratiquer le vol, l'assassinat, l'incendie, le pillage, et ne reculent pas même devant les crimes les plus hardis et les plus atroces ? Mais les termes des articles 265 et 266 destinés à réprimer les bandes de Chauffeurs qui désolaient le pays au commencement du siècle étaient peu en rapport avec les organisations et les groupements qu'il s'agissait d'atteindre, et il était nécessaire d'apporter aux textes des modifications correspondant avec les menées de l'anarchie. Tel était l'objet du projet de loi déposé, le 11 décembre 1893, sur le bureau de la Chambre par M. Casimir-Périer.

L'ancien article 265 disait seulement que « toute association de malfaiteurs envers les personnes ou les propriétés est un crime contre la paix publique », et l'article 266 énumérait les conditions de l'existence de l'association en ces termes : « Ce crime existe par le seul fait d'organisation de bandes ou de correspondances entre elles et leurs chefs ou commandants, ou de conventions tendant à rendre compte ou à faire distribution ou partage du produit des méfaits. »

Les trois hypothèses visées par l'ancien article 266 n'étaient pas limitatives et il pouvait se trouver d'autres réunions de malfaiteurs susceptibles de tomber sous le coup des dispositions pénales, quoique les chefs n'en fussent ni apparents ni connus, ou bien même quoiqu'elles n'en eussent pas. « Cette reconnaissance ou désignation de chefs, dit Dalloz, constitue bien l'un des indices de l'organisation, mais il n'en est pas un élément indispensable, et l'assentiment des associés en vue d'agir dans un intérêt criminel suffit, sans qu'il y ait nécessité que les membres de l'association se trouvent soumis à une discipline hiérarchiquement organisée. » Enfin, l'association n'était subordonnée à aucune condition en ce qui concerne le nombre des associés. L'élément essentiel et indispensable de l'existence du crime consistait dans le fait d'organisation d'une association, non pas éphémère et en vue d'un crime isolé, mais formée dans un esprit de durée pour la perpétration d'une série de crimes ou délits, contre les personnes ou les propriétés.

La loi du 18 décembre a maintenu l'association parmi les prévisions de l'article 265, en spécifiant qu'elle ne sera soumise à aucune condition quant à la durée et au nombre de ses membres ; mais elle y a ajouté un fait criminel nouveau : l'entente établie dans le but de préparer ou de commettre des crimes contre les personnes ou les propriétés.

Ainsi l'article 265 s'applique actuellement à deux actes différents, l'association et l'entente, constituant l'une et l'autre le crime, soit ensemble, soit séparément. Il sera donc inutile qu'il y ait eu une organisation, même la plus rudimentaire, des chefs, un bureau, des correspondances, des lieux de réunions déterminés ou un groupement quelconque ; il suffira de s'être entendus, concertés en vue de préparer des attentats. Il ne sera même pas nécessaire que les affidés soient allés jusqu'à la préparation matérielle du crime, ou qu'ils en aient arrêté la résolution, ou bien même qu'ils en aient étudié les moyens; il sera suffisant qu'ils aient exprimé la proposition d'agir et qu'elle ait été agréée par une ou plusieurs personnes. L'interprétation du mot entente doit aller jusque-là. Ce n'est pas le crime lui-même qu'il est question de punir : il s'agit, au contraire, de le prévenir et, par conséquent, de le saisir à son origine, dans l'œuf pour ainsi dire, dès que l'idée en aura été manifestée extérieurement et acceptée par autrui.

C'est donc plus que la pensée et l'intention ; il s'y ajoute quelque chose : la traduction de l'idée par un acte consistant d'abord à la communiquer à quelqu'un et à la faire agréer. Non seulement la pensée criminelle aura germé dans l'esprit et s'y sera fixée ; elle aura encore pris corps et revêtu une forme extérieure par la communication et l'acquiescement qui auront produit un véritable contrat.

On a comparé l'entente au complot ; mais nous croyons qu'elle va plus loin que ce crime. Le complot consiste, selon la définition de l'article 89, dans la résolution d'agir concertée et *arrêtée* entre deux ou plusieurs personnes. Le simple projet ne suffit pas ; il faut, pour qu'il y ait complot, que la résolution ait été non seulement concertée, mais arrêtée. L'entente descend plus profondément dans les évolutions de la pensée criminelle et permet de la saisir avant même que la décision ait été prise.

Le rejet de l'amendement qui fut présenté par M. Jourde établit bien que telle a été la volonté du législateur. Ce député demandait que les mots « toute entente établie dans le but » fussent remplacés par ceux-ci, empruntés en partie à l'article 89 : « Toute résolution d'agir concertée et arrêtée entre deux ou plusieurs personnes ayant pour but de préparer ou de commettre des crimes contre les personnes ou les propriétés... » Cette rédaction impliquait nettement, comme dans le complot, que le plan de l'attentat était arrêté et que la décision de l'exécuter était prise. Mais l'amendement, repoussé par le Gouvernement et la commission, fut rejeté par la Chambre.

L'article 89 punit, non seulement la résolution arrêtée d'agir, mais encore la simple proposition non agréée de former un complot. L'entente ne saurait aller jusque-là et nous le regrettons, parce que, lorsque l'ordre social et la sécurité publique sont directement menacés et attaqués, la seule volonté du crime doit être réprimée. Quoi qu'il en soit, il est manifeste que la proposition non agréée de préparer un attentat, à laquelle on pourra peut-être faire l'application de l'article 2 de la loi du 28 juillet 1894, ne tombe pas sous le coup de l'article 265, parce que l'entente suppose un acquiescement, un accord entre deux volontés qui font précisément défaut dans le cas de proposition non agréée ; sans doute, cette adhésion pourra être tacite ou formelle, mais elle sera indispensable pour que l'entente existe et soit punissable.

Une autre différence entre l'entente et le complot, c'est que celui-ci vise des crimes déterminés, limités, tandis que l'entente peut atteindre n'importe quels crimes contre les personnes ou les propriétés ou même un ensemble de crimes.

Cela a été établi aussi fortement que possible dans la discussion devant la Chambre des députés, par MM. Clausel de Coussergues, président de la commission [1], et par M. Flandin, rapporteur.

[1] Or, dans le complot, que veut-on atteindre ? On veut atteindre, comme ici, la résolution qui a un but criminel. Là, nous sommes d'accord : le point de départ est le même ; mais quel est le but, voilà la différence. Dans le complot, on veut atteindre ceux qui se sont réunis en vue de perpétrer un ou plusieurs actes criminels déterminés, limités. Ici, que voulons-nous ? Atteindre ceux qui se réunissent pour préparer, d'une manière générale et non pas seulement d'une manière spéciale, une série d'actes indéterminés et les moyens de commettre ces actes.

Voilà la raison de la différence de rédaction. Nous sommes parfaitement d'accord avec M. Jourde lorsqu'il dit : « Ce que vous voulez atteindre, c'est le complot. Oui, c'est un complot, que ce soit bien entendu ; mais ce n'est pas le complot ayant pour but de commettre un ou plusieurs attentats déterminés, c'est le complot qui a pour but de commettre une série indéterminée d'attentats. »

Je crois que la disposition est bien claire. Il s'agit du complot qui a pour but de commettre des attentats indéterminés et de préparer les moyens de commettre ces mêmes attentats.

Nous plaçant sur ce terrain, nous avons cru que la rédaction qui était proposée était celle qui rendait le mieux notre pensée. Et maintenant sur quoi vous mettre d'accord ? Sur la pensée elle-même ou sur la rédaction ? Voilà ce qui n'est pas ressorti suffisamment des explications que M. Jourde a données. Si vous repoussez notre pensée, il faudra changer la rédaction et alors dire ceci : « Nous ne voulons punir, parmi ces criminels d'un ordre nouveau, que ceux qui auront conçu le projet de commettre un attentat déterminé comme celui de produire une explosion dans tel ou tel lieu déterminé. »

Dites cela si vous voulez et restreignez la répression dans cette mesure, mais alors ne vous faites pas d'illusion, et comprenez bien que vous n'atteindrez pas ce que vous voulez atteindre.

Ce que vous voulez atteindre, ce sont des attentats, certains au point de vue de la nature des faits qui doivent se produire, mais

« Vous le voyez, Messieurs, disait en dernier, ce sont en définitive les principes écrits dans le Code pénal, en ce qui concerne le complot, que nous vous demandons d'introduire dans la loi nouvelle ; seulement, alors que les textes législatifs visant le complot s'appliquent à des actes spéciaux déterminés, nous vous demandons de nous donner par la loi nouvelle les moyens d'atteindre non pas un crime spécial et déterminé, mais la préparation d'un ensemble de crimes. »

Il est donc inutile que l'entente ait porté sur un crime spécial et précisé d'avance ; il suffit qu'elle ait eu pour objet des crimes en général ou une catégorie quelconque de crimes.

Voici, par exemple, un conciliabule d'anarchistes dans lequel nous savons qu'à tel jour, à telle heure, la question de la propagande par le fait, c'est-à-dire des attentats contre la paix publique, a été agitée, discutée, et enfin admise par les compagnons présents.

Faudra-t-il attendre que des actes préparatoires de l'exécution se produisent, que la dynamite ait été manipulée et que la fabrication des bombes ait été commencée ? Nous ne le pensons pas. Du reste, tous les attentats, le meurtre, l'incendie par exemple, ne comportent pas des actes matériels de préparation. Eh bien ! ne suffira-t-il pas, pour que les membres du conciliabule puissent être poursuivis, qu'ils aient admis en principe que chacun d'eux, ou l'un d'entre eux, devrait se livrer au meurtre et à l'incendie ? Nous n'hésitons pas à répondre affirmativement.

incertains et indéterminés si on considère chaque fait en lui-même : ces attentats ne rentrant pas dans la définition du complot. (*Discours* de M. CLAUSEL DE COUSSERGUES, séance du 13 décembre 1893.)

Remarquons enfin que, tandis que l'ancien article 265 s'appliquait à l'association en vue de commettre des crimes et des délits, le nouveau texte parle seulement des crimes. Le projet du Gouvernement avait employé les mots d' « attentats contre les personnes ou les propriétés »; mais la commission les remplaça par celui de « crimes », entendant par là, disait le rapporteur, M. Flandin, « exclure les associations formées pour commettre des délits et non pas des crimes, et affirmer en même temps sa ferme intention de ne viser jamais que les crimes de droit commun ».

Dans l'entente nous n'hésitons pas à comprendre non seulement la propagande par le fait, mais encore la propagande par les idées. La première consiste dans l'action personnelle pour commettre le meurtre, les explosions ou le vol, la seconde dans la justification théorique de ces crimes et l'encouragement à les commettre; celle-ci est la doctrine de l'assassinat, tandis que celle-là en est la mise en pratique. L'une et l'autre sont également criminelles, et les théoriciens de l'anarchie, *les intellectuels*, ne sont ni moins dangereux ni moins coupables que les assassins, auxquels ils mettent, pour ainsi dire, le poignard dans la main.

Supposons une réunion de ces hommes, non pas une véritable association organisée sur les vieux modèles où il existe encore des chefs et des règlements, mais une de ces sociétés uniquement basées sur la communauté des idées ou des relations, et où n'existe nul autre lien qu'un courant intense de sympathies. Les uns sont orateurs, conférenciers; les autres, écrivains, journalistes ou simples bohèmes des lettres ou des arts; ils se visitent fréquemment et ont coutume de se rencontrer dans certains bureaux de rédaction où ils échangent journellement leurs idées; leurs journaux et leurs livres préconisent le meurtre, le vol, et leurs discours répandent les mêmes doctrines avec une contagion foudroyante. Ces gens-là se jouent de la vie humaine, sans compter celles qu'ils envoient à l'échafaud, et poursuivent la destruction des propriétés, comme des sauvages, par le fer et le feu. Entre eux il n'existe assurément pas de statuts, mais il y a un mot d'ordre, un programme, un système tendant à approuver hautement tous les crimes, à les présenter comme des actes de justice et à glorifier leurs auteurs. Enfin, ne savons-nous pas, par leurs propres écrits, que « la propagande ouverte doit servir de plastron à la propagande par les actes, secrète celle-là », et que son objet est de susciter des hommes d'action « disposés au sacrifice de leur vie »?

N'est-ce pas une entente incontestable, sinon en vue d'agir soi-même, du moins pour pousser les autres, et la plus sûre comme la plus perfide des préparations du crime ? Or, le législateur n'a pas eu seulement en vue les préparatifs matériels de l'assassinat ou de l'explosion, mais encore cette œuvre diabolique d'excitations qui fanatise des cerveaux malades et jette des malheureux dans la voie du crime.

Qui nous dit, d'ailleurs, que de ce cénacle de faux docteurs cent fois plus coupables que ceux qui ont péri par la main du bourreau il ne sortira pas un nouveau Vaillant ou un nouvel Henry ? Le terrain sur lequel ils marchent est glissant, et, dans un instant de vertige ou de désespoir, ils peuvent rouler dans l'abîme. Le nom de malfaiteurs ne leur messied donc point, ni pour les crimes dont ils sont responsables, ni pour ceux dont ils sont capables; et, quant à être unis ensemble, les liens résultant de la communauté de leurs aspirations et de leur programme sanguinaire apparaissent nettement et forment une entente non moins redoutable que celle qui aurait pour objet un crime déterminé.

C'est bien ainsi que les magistrats de la Cour de Paris avaient compris la loi du 18 décembre en déférant à la Cour d'assises les trente anarchistes qui ont été jugés au mois d'août. Le jury n'a pas partagé cette opinion, et c'était son droit souverain devant lequel il n'y a qu'à s'incliner; mais nous pensons que ce verdict n'est pas définitif et que le jury de la Seine se fera lui-même honneur de le casser.

Nous pouvons donc maintenant définir l'entente : tout accord théorique ou pratique, durable ou passager, en vue d'un ou de plusieurs actes criminels. Le lien unissant les adhérents pourra s'établir par les discours, les écrits, les conversations, les émissaires, ou enfin par les correspondances, et toutes réunions, groupes, conciliabules publics ou privés, où sa présence sera constatée, seront frappés par l'article 265.

ARTICLE 266

« Sera puni de la peine des travaux forcés à temps quiconque se sera affilié à une association formée ou aura participé à une entente établie dans le but spécifié à l'article précédent.

« La peine de la relégation pourra, en outre, être prononcée, sans préjudice de l'application des dispositions de la loi du 30 mai 1854 sur l'exécution de la peine des travaux forcés.

« Les personnes qui se seront rendues coupables du crime mentionné dans le présent article seront exemptes de peine si, avant toute poursuite, elles ont révélé aux autorités constituées l'entente établie ou fait connaître l'existence de l'association. »

CHAPITRE II

DE L'AFFILIATION A UNE ASSOCIATION DE MALFAITEURS ET DE LA PARTICIPATION A L'ENTENTE. — PÉNALITÉS. — RELÉGATION.

Cet article édicte les pénalités applicables à ceux qui se seront affiliés à une association de malfaiteurs ou qui auront participé à l'entente. Les uns comme les autres seront condamnés aux travaux forcés à temps, et la relégation pourra être prononcée.

L'affiliation ou la participation ne paraissent pas devoir donner lieu à des difficultés théoriques. Signalons toutefois qu'elles devront se produire sciemment, c'est-à-dire que le fait matériel ne suffira pas pour motiver la condamnation ; il faudra encore établir que les inculpés avaient connaissance du but de l'association ou de l'entente. « Il faut, disait M. de Ramel, répondant à M. Jourde, pour qu'on puisse poursuivre un individu entré naïvement et innocemment dans une association qui, sous une apparence bénigne, contiendrait des malfaiteurs se concertant pour commettre un crime, qu'il soit établi que c'est sciemment qu'il y a participé ou s'y est affilié, sachant bien que le but poursuivi était d'attenter à la vie des personnes et à la propriété. J'ajoute que la preuve de l'intention de nuire, résultant de la connaissance du but criminel poursuivi par l'association, est à la charge du ministère public ; si elle n'était pas faite, il ne pourrait pas y avoir condamnation. Donc, la rédaction de l'article, qui peut paraître à première vue insuffisante, se précise à la lumière des principes généraux du Code pénal. »

Quant à la pratique, il est évident que la preuve de l'affiliation et de l'association devra être rapportée d'une manière non équivoque. La déclaration d'un seul témoin sera assurément suffisante ; mais les magistrats et le jury devront agir avec prudence, contrôler soigneusement les témoignages, s'entourer de renseignements sûrs et exiger les garanties les plus larges, soit avant de poursuivre, soit avant de condamner.

Enfin, si des dénonciations sont reconnues fausses,

nous pensons qu'il ne sera que juste de poursuivre rigoureusement les dénonciateurs.

Le paragraphe 2 de l'article 266 autorise la relégation des condamnés en vertu du paragraphe précédent et n'impose aucune condition à l'admission de cette peine accessoire. A la différence de la loi du 27 mai 1885 contre les récidivistes et de celle du 28 juillet 1894 sur les menées anarchistes, l'article 266 n'exige aucune condamnation antérieure pour que la relégation puisse être prononcée. En conséquence, tous les condamnés pour affiliation ou participation à l'entente pourront être relégués. En effet, l'article 267 employant le mot « pourra », la relégation n'est pas obligatoire. Les cours auront un pouvoir d'appréciation sur ce point ; elles seront libres, et, l'esprit de la loi étant de purger le pays des malfaiteurs qu'elle a eus en vue, il est à souhaiter qu'elles fassent de cette peine la plus large application.

Il est, toutefois, une hypothèse où la relégation cessera d'être facultative pour devenir obligatoire ; c'est lorsque, par suite d'une condamnation en vertu des articles 266 et 267, un individu se trouvera dans l'un des cas prévus par l'article 4 de la loi du 27 mai 1885. Supposons, par exemple, une personne ayant déjà subi, dans un intervalle de dix ans, une première condamnation aux travaux forcés ou à la réclusion. Condamnée de nouveau aux travaux forcés par application des articles 265 et 266, la relégation sera-t-elle facultative ? Évidemment non. Le paragraphe 1er de l'article 4 de la loi du 27 mai 1885 prononce la relégation de plein droit contre tout récidiviste deux fois condamné aux travaux forcés ou à la réclusion, et celui qui sera condamné pour affiliation ou participation à l'entente n'échappera pas à cette règle, parce que le législateur n'a pas entendu accorder un privilège aux condamnés de cette catégorie.

Aux termes de la disposition finale du paragraphe 2, la condamnation à la relégation aura lieu sans préjudice de l'application de la loi du 30 mai 1854 sur l'exécution de la peine des travaux forcés, c'est-à-dire que les condamnés commenceront par subir la peine principale qui consiste à être employé aux travaux les plus pénibles de la colonisation et à tous autres travaux d'utilité publique.

Rappelons également que l'article 4, § 2, de la loi du 28 juillet 1894 sur les menées anarchistes a édicté que les peines de la réclusion ou de l'emprisonnement prononcées en vertu de la loi sur les associations des malfaiteurs seront soumises à l'emprisonnement individuel ou régime cellulaire sans qu'il puisse résulter de cette mesure une diminution de la durée de la peine.

Enfin, le troisième et dernier paragraphe de l'article 266 exempte de toute peine ceux qui, après leur affiliation ou leur participation à l'entente, auront révélé l'entente ou l'association.

Cette disposition n'est pas une innovation dans notre droit pénal et nous la retrouvons dans l'article 108 relatif aux révélateurs des complots contre la sûreté de l'État, et dans l'article 435 modifié par la loi du 2 avril 1892, concernant la destruction à l'aide d'engins explosifs.

Le Code pénal de 1810 punissait (art. 103 à 107) la non-révélation des complots ou crimes projetés contre la sûreté de l'État. La loi du 28 avril 1832 a abrogé ces dispositions comme immorales en obligeant les citoyens à se faire délateurs; mais, dans l'intérêt supérieur de la sécurité publique, elle a cru qu'il était permis de laisser espérer l'impunité à ceux qui, en dévoilant les complots dans lesquels ils ont trempé, permettront de prévenir des malheurs irréparables.

Pour profiter au révélateur, sa déclaration devra se produire avant toute poursuite. Les articles 108 et 435 admettent l'exemption de peine même en faveur de ceux qui, après le commencement des poursuites, auront procuré l'arrestation des auteurs ou des complices du complot; mais l'article 266 ne va pas aussi loin, et, une fois les poursuites entamées, le révélateur ne peut plus bénéficier de l'exonération de la peine.

Le bénéfice de l'article 266 constitue une excuse légale sur laquelle le jury doit être appelé à se prononcer sur la demande de l'accusé, conformément aux dispositions de l'article 339 du Code d'instruction criminelle. Toutefois, dans le silence de l'accusé, la question peut être posée d'office par le président.

ARTICLE 267

« Sera puni de la réclusion quiconque aura sciemment et volontairement favorisé les auteurs des crimes prévus à l'article 265 en leur fournissant des instruments de crime, moyens de correspondance, logement ou lieu de réunion.

« Le coupable pourra, en outre, être frappé pour la vie ou à temps de l'interdiction de séjour établie par l'article 19 de la loi du 27 mai 1885.

« Seront, toutefois, applicables au coupable des faits prévus par le présent article les dispositions contenues dans le paragraphe 3 de l'article 266. »

CHAPITRE III

DE LA PARTICIPATION A L'ASSOCIATION OU A L'ENTENTE PAR FOURNITURE DES INSTRUMENTS DE CRIME, MOYENS DE CORRESPONDANCE, LOGEMENT OU LIEU DE RÉUNION.

Cet article punit ceux qui ont pris une part indirecte à l'association ou à l'entente et s'en sont rendus complices en fournissant aux coupables des instruments pour commettre les crimes, des moyens de correspondance, le logement ou les lieux de réunion.

L'article 268 contenait des dispositions analogues et édictait également la peine de la réclusion contre ceux qui étaient chargés d'un service quelconque dans les bandes de malfaiteurs et ceux qui leur avaient fourni « des armes, munitions, instruments de crime, logement, retraite ou lieu de réunion ».

Contrairement à l'article 268, l'article 267, nouveau texte, ne punit pas ceux qui ont procuré une *retraite* au malfaiteur poursuivi par la justice. Cette omission n'existait pas dans le projet du Gouvernement, et c'est à dessein qu'elle a été faite par la commission, dans la pensée qu'il serait excessif de condamner à la réclusion ceux qui, peut-être par pitié, se seraient bornés à donner, même sciemment et volontairement, un lieu de retraite à l'accusé. Il lui a semblé, avec raison, suffisant de laisser ce fait sous l'application de l'article 248 du Code pénal qui punit de trois mois à deux ans d'emprisonnement ceux qui, à l'exception de certains parents ou alliés, ont recélé ou fait recéler les auteurs de crimes emportant peine afflictive.

Que faut-il entendre par les *moyens de correspondance?* Nous n'en avons trouvé aucune définition dans les travaux préparatoires, bien que ce mode de complicité soit une innovation et ne figure pas dans l'article 268 du Code pénal. Cet article punissait, à la vérité, tous ceux qui avaient été chargés d'un service quelconque dans les bandes et atteignait, par conséquent, ceux qui assuraient la correspondance entre les affiliés, soit par écrit, soit en servant d'intermédiaires, tandis que le nouvel article 267 vise expressément ceux qui fournissent les moyens de correspondance.

Dans le cours de la discussion de la loi du 28 juillet 1894, M. Pourquery de Boisserin [1], faisant la critique de la loi du 18 décembre 1893 sur l'association des malfaiteurs, a parlé du moyen de correspondance en ces termes : « Un malfaiteur commet un crime : il est reçu par un compagnon; il correspond avec du papier fourni

[1] Nous reproduisons ici, à titre de documents, les passages de la discussion de la loi du 28 juillet 1894, relatifs à l'interprétation de la loi du 18 décembre sur les associations de malfaiteurs et l'entente.

Dans la séance de la Chambre des députés du 17 juillet, M. Pourquery de Boisserin disait :

« Grande est la portée de cette rédaction nouvelle des articles 265 et suivants. L'esprit et le texte de la loi laissent sans limite le fait constitutif de l'entente et le mode de preuve.

Ainsi deux scélérats se concertent pour commettre un crime quelconque : ils s'entendent entre eux; un seul agit, l'autre n'a fait aucun des actes qui constituent la complicité prévue par le Code pénal ordinaire. Le seul fait d'avoir causé du crime avec celui qui l'a perpétré peut le rendre passible de l'application de l'article 265 du Code pénal, c'est-à-dire des travaux forcés, de la relégation.

Vous voyez combien est puissante l'arme que vous avez donnée. Vous y avez ajouté une complicité nouvelle dans l'article 267 :

La complicité spéciale en cette matière — que l'on a voulu mieux préciser encore que dans l'article 62 du Code pénal, — c'est celle qui découle des moyens de correspondance, du logement, de la location ou du prêt du lieu de réunion. On ne pouvait aller au delà, et je suis bien sûr que plusieurs de nos collègues n'ont peut-être pas, malgré leur attention, saisi tous les moyens d'action et de répression accordés par les lois de décembre 1893 contre les anarchistes en bandes ou solitaires. »

Dans la même séance, M. de Ramel fit de la loi du 18 décembre le commentaire suivant :

« Cette loi, vous le savez, modifie les dispositions du Code pénal sur les associations de malfaiteurs. Le Code pénal déterminait les conditions constitutives du délit d'association des malfaiteurs : d'après l'article 265, ce crime existait par le fait « d'organisation de bandes de malfaiteurs ou de correspondance entre elles et leurs chefs, ou de convention tendant à rendre compte ou à faire distribution ou partage du produit des méfaits ». Le législateur précisait, on le voit, les signes

par un logeur le connaissant. Logeur et compagnon
peuvent être condamnés à la réclusion et à la relégation. Cette loi fait, avec raison et par une salutaire
crainte, le vide autour de l'anarchiste. Qui l'approche
sciemment peut être démontré son complice. »

extérieurs et matériels qui caractérisaient le crime ; et encore, si
soigneux qu'eût été le Code dans ses énonciations, ces dispositions
furent bien vite considérées comme prêtant trop à l'arbitraire, et
depuis de nombreuses années on peut dire qu'elles étaient tombées
en désuétude. Cependant, en décembre dernier, vous avez été beaucoup plus loin que le texte que je viens de rappeler : vous avez
fait une nouvelle loi sur les associations de malfaiteurs, visant les
anarchistes, et, tenant compte de ce qu'ils n'ont pas d'organisation caractéristique, vous avez décidé qu'aucun de ces signes extérieurs ne serait nécessaire pour caractériser le crime d'association ;
en conséquence, vous avez rédigé l'article 265 ainsi : « Toute association formée, quelle que soit sa durée ou le nombre de ses
membres, toute entente établie dans le but de préparer ou de
commettre des crimes contre les personnes ou les propriétés, constituent un crime contre la paix publique. »

Et vous ajoutez dans l'article 266 : « Sera puni de la peine des
travaux forcés quiconque se sera affilié à une association formée ou
aura participé à une entente établie dans le but spécifié à l'article
précédent. La peine de relégation pourra en outre être prononcée, etc... »

Ainsi, pour tomber sous le coup des articles 265 et 266 tels que
vous les avez votés en décembre dernier, il n'y a qu'une condition,
« l'entente ». Il n'est pas nécessaire d'être nombreux : il suffit d'être
deux ; il n'est pas nécessaire d'avoir un lieu de réunion, une certaine suite dans les pourparlers : l'association criminelle résultera
du concert entre deux personnes, concert qui n'aura pas nécessairement pour objet un attentat déterminé, mais, d'une façon
générale, des crimes contre les personnes ou les propriétés.

Voyez les conséquences de cette association constituée par une
simple entente. Quelqu'un s'adresse à une autre personne : il lui
tient un propos constituant une provocation à l'anarchie, c'est-à-
dire à un attentat contre les personnes ou la propriété ; son interlocuteur l'écoute et ne le dénonce pas. Dans ce cas, ils tombent
tous deux sous le coup de la loi. Je vous rappelle en effet que,
d'après le dernier paragraphe de l'article 266, « les personnes qui

Il paraît bien rigoureux d'aller aussi loin que M. Pourquery de Boisserin et de frapper de la peine de la réclusion celui qui se sera borné à donner une feuille de papier à un anarchiste poursuivi. L'ancien texte de l'article 268 n'aurait pas permis d'atteindre un fait de

se seront rendues coupables du crime mentionné dans le présent article seront exemptes de prison si, avant toute poursuite, elles ont révélé l'entente établie ou fait connaître l'existence de l'association ».

Par suite, j'ai bien le droit de dire que la personne qui aura été provoquée à l'anarchie ne sera pas coupable du crime d'association si elle a dénoncé l'entente à laquelle on la conviait ; en ce cas, sera seul puni celui qui a cherché à l'entraîner ; elle aura participé à cette entente, qui n'a pas besoin d'être suivie d'effet pour pour être punissable, si elle ne l'a pas révélée.

Si donc votre pensée n'est que d'atteindre et de poursuivre les excitations et provocations aux crimes anarchistes, en dehors de toute publicité, vous pouvez, avec la nouvelle rédaction des articles 265 et 266, atteindre le provocateur et son auditeur complaisant, ou le provocateur seul si l'auditeur l'a dénoncé et les punir des peines les plus sévères et même de la relégation.

Bien plus, l'article 266 frappe des peines les plus fortes ceux qui seront affiliés à cette association. Ne voyez-vous pas toute la latitude que vous donne cet article, qui frappe l'affilié à une association qui n'est constituée que par l'entente entre deux ou un plus grand nombre de personnes, et cela ne vous suffit-il pas ? »

A la séance du lendemain, 18 juillet, M. Guérin, garde des sceaux, s'exprima ainsi : « La loi du 18 décembre présente une lacune aussi. Elle vise l'entente et l'association, mais, outre qu'il est souvent très difficile d'établir ce que le législateur appelle l'entente, c'est-à-dire l'accord des volontés, le contrat formé, pour ainsi dire, en vue de commettre un crime, il est extrêmement rare que les crimes anarchistes soient le fruit d'une entente et l'œuvre d'une association.

Ils sont en général le résultat d'une propagande individuelle, active, incessante, quotidienne, qui s'exerce par une foule de moyens. Je viens de vous en citer quelques-uns, et véritablement on dirait que vous ignorez l'organisation du parti anarchiste.

Nous nous trouvons en présence d'un parti parfaitement, et je dirai puissamment organisé. Il y a dans un grand nombre de localités ce genre, mais nous reconnaissons qu'en l'absence de définition les termes du nouvel article 267 autorisent et justifient l'opinion de l'honorable député. Tant pis pour ceux qui se placeront dans ce mauvais cas ! Du moment qu'ils se savaient en présence d'anarchistes formant une véritable association, leur devoir était de s'abstenir de leur prêter une assistance quelconque, et, s'ils leur ont fourni soit des moyens de correspondance, soit le logement ou le lieu de réunion, ils tombent sous l'application de l'article 267.

Depuis la promulgation de la loi du 18 décembre, les anarchistes ont déserté les locaux dans lesquels ils avaient coutume de se réunir et ils ont pris l'habitude de se rencontrer dans des cafés comme de simples consommateurs. Les patrons de ces établissements, témoins de leurs entretiens, n'ignorent pas à quelle catégorie de clients appartiennent ces individus, et cependant, soit par faiblesse ou cupidité, soit par une condescendance coupable, ils n'hésitent pas à leur donner l'hospitalité. Nous croyons qu'ils sont directement visés par la loi et qu'ils peuvent être condamnés. Il leur est facile de ne pas s'y exposer en cessant de favoriser les conci-

des groupements, des noyaux anarchistes, qui se réunissent dans des locaux purement privés, qui organisent des conciliabules, des soirées familiales dont vous avez sans doute entendu parler, dans lesquelles ils échangent leurs idées, s'excitent mutuellement et organisent leur propagande. Ces groupes correspondent au moyen d'émissaires avec les groupes voisins.

M. Fernand de Ramel : C'est l'entente, cela !

M. le garde des sceaux : Non. Pour établir l'entente, il faut démontrer qu'on a arrêté et résolu dans ces conciliabules la perpétration d'un crime ou d'un attentat. Mais c'est la préparation de l'entente.

M. Millerand : C'est là une erreur absolue. »

liabules des anarchistes, et les rejetant comme des êtres dangereux et réprouvés.

Nous ne saurions trop insister sur ce point que les personnes qui se seront rendues coupables de ces divers modes de complicité spéciale ne seront punissables que si elles ont agi sciemment et volontairement. Il ne suffira donc pas d'établir que les inculpés ont fourni l'un ou l'autre des moyens d'assistance énumérés par l'article 267; il sera indispensable de démontrer qu'ils l'ont fait avec connaissance de l'identité des affiliés et du but qu'ils poursuivent. De même, cette condition devra être mentionnée expressément dans les questions posées au jury.

L'article 267 ne prononce pas la relégation contre les personnes qu'il vise; il autorise seulement, dans une préoccupation trop justifiée de sécurité publique, l'interdiction de séjour, pour la vie ou à temps, établie par l'article 19 de la loi du 27 mai 1885. On sait que cette interdiction, qui a remplacé la surveillance de la haute police, consiste dans la défense faite au condamné, sous peine d'emprisonnement, de paraître dans les lieux dont la désignation lui est notifiée avant sa libération.

Enfin, le troisième alinéa de l'article 267 étend à ceux qui ont fourni aux affiliés les instruments de crime, moyens de correspondance, logement ou lieu de réunion, le bénéfice de l'exemption de peine édicté par l'article précédent en faveur des coupables qui, avant toutes poursuites, ont révélé l'entente établie ou fait connaître l'existence de l'association.

ARTICLE 2

« *L'article 268 du Code pénal est abrogé.* »

La loi du 18 décembre a transporté dans l'article 267, que nous venons d'étudier, les dispositions contenues dans l'article 268, en y apportant les modifications que nous avons indiquées. L'article 268 étant ainsi devenu sans objet a dû être abrogé.

ANNEXES

ANNEXE N° 1

RAPPORT fait au nom de la commission chargée d'examiner le projet de loi sur les associations de malfaiteurs par M. FLANDIN, député.

MESSIEURS,

La commission que vous avez chargée d'examiner le projet de loi présenté au nom du Gouvernement sur les associations de malfaiteurs a été unanime à reconnaître que les dispositions contenues dans le texte actuel des articles 265, 266, 267 et 268 du Code pénal sont manifestement insuffisantes pour protéger la société contre des dangers devenus particulièrement menaçants.

Les dispositions énoncées aux articles 265 et suivants du Code pénal avaient eu spécialement pour objet, dans la pensée du législateur de 1810, de réprimer les crimes commis par des bandes organisées qui, faisant métier du vol et du pillage, s'associaient pour mettre en commun le produit de leurs méfaits. Ces textes permettraient difficilement aujourd'hui d'atteindre les crimes commis par certaines associations de malfaiteurs qui, bien que pouvant n'être point établies dans les formes où elles fonctionnaient à l'époque de la promulgation du Code, bien que pouvant ne comporter ni organisation de bandes, ni subordination des associés à leurs chefs, ni conventions, tendant à rendre compte ou à faire distribution ou partage du produit des méfaits, n'en sont pas moins redoutables pour la sécurité des citoyens et de l'État.

S'inspirant des graves et trop légitimes préoccupations qui ont dicté le projet de loi déposé au nom du Gouvernement, votre commission a pensé qu'à certains égards les dispositions législatives dont l'adoption vous a été demandée devaient être tout à la fois précisées et complétées. Elle a l'honneur de vous proposer de modifier sur divers points le texte qui vous a été présenté, mais elle a hâte d'ajouter que les modifications qu'elle voudrait voir introduire dans le projet de loi n'y ont été apportées qu'à la suite d'un échange de vues avec M. le garde des sceaux, et dans le plus complet accord avec le Gouvernement.

Tout d'abord, votre commission a pensé qu'il était utile, pour prévenir toute difficulté d'interprétation, de préciser les caractères constitutifs de l'association de malfaiteurs, prévue par la législation nouvelle, en spécifiant que l'association de malfaiteurs tomberait sous l'application de la loi pénale, quelle que soit la durée de l'association et quel que soit le nombre de ses membres.

Le mot d'association éveille par lui-même l'idée d'une organisation régulière et continue, ayant des cadres déterminés, des chefs désignés. Dans l'*exposé des motifs*, du titre I, livre III, du Code pénal, Berlier faisait remarquer que les malfaiteurs visés par les articles 265 et suivants n'étaient point « ceux qui agissent isolément ou même de concert avec d'autres, pour la simple exécution d'un crime ».

— Or, il n'est pas douteux qu'il existe aujourd'hui un genre nouveau de groupement de malfaiteurs, en révolte ouverte contre l'ordre social, et se faisant une spécialité de l'emploi criminel des engins explosifs. Les affiliés, tout en étant rattachés entre eux par le fait d'une entente commune, n'ont pas cependant une organisation proprement dite ; ils conservent, dans certaines éventualités, leur indépendance quant au choix des moyens d'exécution.

Résolue, dans un intérêt supérieur de défense sociale, à empêcher que ces malfaiteurs soient dans la possibilité de se soustraire à l'application de la loi pénale, en se réfugiant derrière les équivoques, auxquelles pourrait prêter l'interprétation du terme légal « association », votre commission n'hésite pas à vous proposer d'élargir la formule énoncée dans le projet de loi du Gouvernement, et de comprendre dans la portée de la nouvelle loi, en même temps que l'association proprement dite, quelle que soit sa durée et quel que soit le nombre de ses membres, toute entente établie dans le but de préparer ou de commettre des crimes contre les personnes ou les propriétés.

Le mot « crimes » a été substitué à dessein au mot « attentats » contenu dans le projet de loi, afin d'indiquer nettement que la nouvelle législation prononçant la peine des travaux forcés à temps ne saurait être étendue aux associations de malfaiteurs formées dans le but de commettre de simples délits.

En vertu des considérations déjà développées à propos de l'article 265, l'article 266, nouveau texte, punit de la peine des travaux forcés à temps quiconque se sera affilié à une association de malfaiteurs ou aura participé à une entente établie dans le but spécifié à l'article 265.

Les malfaiteurs désignés dans l'article 265 pouvant constituer, par leur présence en France, un danger inquiétant pour la sécurité des citoyens et de l'État, votre commission a cru devoir, avec le complet assentiment du Gouvernement, compléter la sanction pénale qui vous était proposée, en attribuant au juge la faculté de prononcer, suivant la gravité des circonstances, la mesure accessoire de la relégation à l'expiration de la peine. Il est à remarquer, au surplus, que cette mesure ne sera pas obligatoire, comme elle l'est aux termes de la loi du 27 mai 1885 sur les récidivistes, mais simplement facultative.

Enfin, dans une pensée de préservation sociale, sur laquelle il est inutile d'insister, votre commission a pensé qu'il convenait d'insérer dans le nouvel article 266 une disposition dont le principe se trouve écrit déjà dans les articles 108 et 435 du Code pénal, et de spécifier que les personnes coupables du crime mentionné dans les articles 265 et 266 seront exemptes de peine si, avant toute poursuite, elles ont révélé aux autorités constituées l'entente établie, ou fait connaître l'existence de l'association.

Pour assurer une répression réellement efficace, il est indispensable que les malfaiteurs visés dans les articles 265 et 266 ne rencontrent ni aide ni assistance, en vue de la préparation de leurs actes criminels. Le texte actuellement en vigueur de l'article 268 du Code pénal punit de la réclusion « ceux qui auront sciemment et volontairement fourni aux bandes ou à leurs divisions des armes, munitions, instruments de crime, logement, lieu de retraite ou de réunion ». Votre commission vous propose de transporter dans l'article 267, nouveau texte, les dispositions de l'article 268 et d'appliquer les pénalités qu'il prononce à toute personne ayant sciemment et volontairement favorisé les auteurs des crimes prévus par l'article 265 en leur fournissant des instruments de crime, moyens de correspondance, logement ou lieu de réunion.

En transportant à l'article 267 les dispositions contenues dans l'article 268 du Code pénal, votre commission a cru devoir introduire dans la rédaction de ce texte législatif plusieurs modifications.

Elle a pensé, en premier lieu, que, pour édicter une peine aussi sévère que celle de la réclusion, il était nécessaire de préciser que cette pénalité ne s'appliquerait qu'aux individus ayant réellement prêté leur assistance coupable aux malfaiteurs en favorisant sciemment et volontairement les auteurs des crimes spécifiés dans l'article 265, par la fourniture des instruments de crime, moyen de correspondance et lieu de réunion.

En second lieu, votre commission a considéré qu'il pourrait être exclusif d'appliquer la peine de la réclusion à celui qui se serait borné à fournir, même sciemment et volontairement, un lieu de retraite au malfaiteur poursuivi par la justice. Il nous a semblé qu'à cet égard il suffisait de s'en référer à la règle du droit commun et de faire application de l'article 248 du Code pénal, qui, sous certaines restrictions, que l'humanité commande, punit de trois mois d'emprisonnement au moins, et de deux ans au plus, « ceux qui auront recélé ou fait recéler des personnes qu'ils savaient avoir commis des crimes emportant peine afflictive ».

En troisième lieu, dans une préoccupation trop justifiée de sécurité publique, votre commission a estimé qu'il était nécessaire de reconnaître au juge la faculté de frapper le coupable de l'interdiction de séjour prononcée par l'article 19 de la loi du 27 mai 1885.

Enfin, pour les raisons exposées déjà à propos de l'article 266, votre commission a été d'avis qu'il y avait lieu d'étendre le bénéfice du troisième paragraphe de l'article 266 aux coupables tombant sous l'application de l'article 267.

L'article 268 du Code pénal devenant sans objet, les dispositions de ce texte étant transférées à l'article précédent, devait être abrogé.

ANNEXE N° 2

RAPPORT fait au Sénat sur le projet de loi relatif aux associations de malfaiteurs par M. Bé-
RENGER, *sénateur.*

MESSIEURS,

La législation pénale manquerait à sa mission si elle ne surveillait attentivement les formes nouvelles sous lesquelles vient à se produire l'esprit du mal et ne leur opposait les répressions nécessaires à la protection de la sécurité publique.

C'est un fait nouveau dont s'émeut depuis peu non seulement notre pays, mais le monde civilisé tout entier, que les attaques dirigées contre l'ordre social avec un caractère de haine, de violence et de barbarie inconnu de notre siècle sont bien moins le fait de criminels isolés que d'une secte qui puise sa force dans son organisation, ses correspondances, ses réunions, ses enseignements et dans la mise en commun de ses excitations et de ses projets.

Or, si le crime accompli ou tenté est puni par nos lois, elles sont insuffisantes pour atteindre et rompre ce réseau de conspirations permanentes d'où il naît presque fatalement.

On peut, à l'heure actuelle, après les attentats trop nombreux dont nous avons gémi, librement et impunément se réunir, correspondre, s'associer pour en préparer de nouveaux. On pouvait hier encore en faire ouvertement l'apologie, provoquer, même publiquement, à les commettre.

Une société dont le devoir est de veiller à la sûreté des citoyens ne peut admettre de pareilles lacunes dans sa législation.

Le Gouvernement, soutenu par l'énergique manifestation des sentiments publics, a pris l'initiative de les combler.

Déjà vous avez voté le projet de loi qui doit mettre un terme à la prédication scandaleuse du crime. Celui dont vous nous avez confié l'étude a pour objet de l'atteindre dans sa préparation.

— Il n'a rien de contraire aux principes généraux de notre droit. Si, en effet, le Code pénal pose en thèse générale que le fait coupable ne peut être puni que lorsqu'il s'est manifesté par un acte précis d'exécution, il admet que, dans des cas où il y a danger pour la paix publique, la préparation, la simple résolution d'agir a un caractère suffisant de criminalité et de menace pour justifier une répression.

— Tel est le complot, dans l'ordre politique. Telle est aussi l'association de malfaiteurs dans la catégorie des crimes contre la paix publique.

C'est à ce dernier ordre d'idées que se rattache le projet de loi. Il se borne, en effet, à élargir les termes des articles 265 et 266 du Code pénal, pour y comprendre les faits qu'il importe d'atteindre.

— L'assimilation proposée a paru, à votre commission, pleinement justifiée. Ne sont-ce point aussi des malfaiteurs, les pires des malfaiteurs, ces hommes dont le fanatisme, niant toutes les lois de la conscience, sans souci de la vie humaine, ne craint pas de répandre la destruction et la mort sur un nombre indéterminé de victimes ?

Votre commission a accepté à l'unanimité le principe du projet. Elle en a également approuvé toutes les dispositions.

Les modifications apportées au texte de l'article 265 ont leur raison d'être dans la nature particulière des organisations très diverses et parfois passagères qu'il s'agit d'atteindre. L'association sera criminelle, « quelle que soit sa durée ou le nombre de ses membres ».

Le mot « entente » ajouté à celui « d'association » a donné lieu à quelques observations. N'eût-il pas été préférable, a-t-on dit, de lui substituer les expressions consacrées par le Code en matière de complot ? Il nous a paru qu'il était suffisamment caractérisé par les termes qui le suivent : « l'entente établie dans le but de préparer ou de commettre des crimes contre les personnes ou les propriétés » n'offre pas moins de clarté et de précision que « la résolution d'agir concertée et arrêtée entre deux ou plusieurs personnes » de l'article 89.

Il a été dit d'ailleurs devant l'autre Chambre, avec l'acquiescement du Gouvernement, que c'était bien le complot en vue de l'action qu'on veut atteindre.

Une observation a, en outre, été faite sur la généralité des termes « association de malfaiteurs ». Si on devait, a-t-on dit, les appliquer aux associations si communément formées en vue du vol simple ou qualifié dans nos grandes villes, on risquerait de jeter quelque trouble dans l'application des dispositions du Code pénal relatives à la répression de ces délits. Il arriverait notamment que la simple entente pour commettre le vol pourrait être frappée de peines plus graves que le fait accompli.

Il a été répondu que, si cette préoccupation était fondée, elle aurait depuis longtemps fait naître la difficulté qu'on prévoit.

Le texte actuel des articles 265 et 266 eût pu, en effet, y donner lieu aussi bien que la rédaction nouvelle.

On ne s'y est cependant jamais mépris. On ne s'y méprendra pas davantage avec la loi proposée. Les faits sont d'ordre essentiellement différent. Ceux que l'extension des articles 265 et 266 atteindra sont, comme ceux prévus par le texte actuel, des crimes contre la paix publique, la loi le dit expressément. Ils appartiennent à la catégorie générale des crimes et délits contre la chose publique (titre Ier, livre III du Code pénal). Les autres, classés dans un autre titre, sous la rubrique « crimes et délits contre les particuliers » (titre Ier, même livre), n'ont qu'un caractère privé.

Vouloir les assimiler serait commettre une évidente confusion.

LOI

Du 18 décembre 1893 portant modification et addition à l'article 3 de la loi du 19 juin 1871 sur les explosifs [1].

Le Sénat et la Chambre des députés ont adopté,

Le Président de la République promulgue la loi dont la teneur suit :

ARTICLE UNIQUE. — L'article 3 de la loi du 19 juin 1871 est modifié ainsi qu'il suit :

[1] *Exposé des motifs :*

MESSIEURS,

La loi du 19 juin 1871 punit la fabrication ou la détention, sans autorisation, d'engins meurtriers ou incendiaires agissant par explosion ou autrement, ou de poudre fulminante, quelle qu'en soit la composition. Cette énumération nous a paru devoir être complétée. Il est nécessaire de pouvoir atteindre désormais la fabrication ou la détention, sans motifs légitimes, de toute autre substance, lorsqu'il sera manifeste que cette substance est destinée à entrer dans la composition d'un explosif. Le nouveau texte que nous vous proposons a pour objet de combler sur ce point une lacune existant dans notre législation.

En conséquence, nous avons l'honneur de soumettre à vos délibérations le projet de loi dont la teneur suit :

PROJET DE LOI

ARTICLE UNIQUE. — L'article 3 de la loi du 19 juin 1871 est modifié ainsi qu'il suit :

« Tout individu, fabricant ou détenteur, sans motifs légitimes,

« Tout individu, fabricant ou détenteur, sans autorisation et sans motifs légitimes, de machines ou engins meurtriers ou incendiaires agissant par explosion ou autrement, ou d'un explosif quelconque, quelle que soit sa composition ;

« Tout individu, fabricant ou détenteur, sans motifs légitimes, de toute autre substance destinée à entrer dans la composition d'un explosif, sera puni d'un emprisonnement de six mois à cinq ans et d'une amende de 50 à 3,000 fr. »

La présente loi, délibérée et adoptée par le Sénat et par la Chambre des députés, sera exécutée comme loi de l'État.

Fait à Paris, le 18 décembre 1893.

CARNOT.

Par le Président de la République :

Le président du Conseil, ministre des Affaires étrangères,
CASIMIR-PERIER.

Le garde des Sceaux, ministre de la Justice,
ANTONIN DUBOST.

de machines ou engins meurtriers ou incendiaires agissant par explosion ou autrement, ou de poudre fulminante quelle que soit sa composition, ou de toute autre substance destinée à entrer dans la composition d'un explosif, sera puni d'un emprisonnement de six mois à cinq ans et d'une amende de 50 à 3,000 francs.

DE LA FABRICATION ET DE LA DÉTENTION D'ENGINS
EXPLOSIFS, D'EXPLOSIFS OU DE TOUTE AUTRE SUBS-
TANCE DESTINÉE A ENTRER DANS LA COMPOSITION
D'UN EXPLOSIF.

La loi du 27 février 1858, dite *de sûreté générale*,
visait tout fabricant, vendeur, détenteur ou simple
porteur, non légalement autorisé : 1° de machines ou
engins meurtriers agissant par explosion ou autrement;
2° de poudre fulminante, quelle qu'en soit la composition.

La peine était d'un emprisonnement de six mois à
cinq ans et d'une amende de 50 à 3,000 francs, avec le
droit pour le Gouvernement d'interner le condamné
dans un département de France ou en Algérie, ou même
de l'expulser du territoire français.

Le décret du 24 octobre 1870 ayant abrogé la loi de
sûreté générale, les dispositions relatives à la fabrication
et à la détention d'engins explosifs et de poudres fulminantes se trouvèrent en même temps abolies.

Elles ne tardèrent pas à être rétablies par la loi du
19 juin 1871, dont l'article 3 est ainsi conçu :

« Tout individu fabricant ou détenteur sans autorisation

de machines ou engins meurtriers ou incendiaires, ou de poudre fulminante, quelle qu'en soit la composition, sera puni d'un emprisonnement de six mois à cinq ans et d'une amende de 50 à 3,000 francs ».

Aux termes de cette loi, il suffisait d'être autorisé à fabriquer ou détenir les engins ou les poudres fulminantes pour se mettre à l'abri de toute poursuite.

D'autre part, la détention de toute autre substance pouvant servir à la fabrication des poudres fulminantes restait en dehors des prévisions de la loi.

Enfin, on entendait par poudre fulminante « une poudre détonant sous la seule influence du choc, du frottement ou du contact avec un corps enflammé, et non d'un corps simplement explosible, c'est-à-dire d'un corps solide ou liquide. qui ne détone pas par le seul effet de son contact avec le feu, mais n'a ce résultat que lorsqu'on place au milieu de sa masse un autre corps fulminant ». (DALLOZ, *Code pénal annoté*, loi du 25 mai 1834, art. 2, n° 132.) Par suite, la détention ou la fabrication des matières explosibles n'était pas punie. C'étaient donc autant de lacunes importantes que la loi du 18 décembre a eu pour but de faire disparaître.

§ 1er. — DE LA FABRICATION ET DE LA DÉTENTION D'ENGINS EXPLOSIFS ET D'EXPLOSIFS

Le paragraphe 1er de la loi du 18 décembre punit d'un emprisonnement de six mois à cinq ans et d'une amende de 50 à 3,000 francs tout fabricant ou détenteur de machines ou engins meurtriers ou incendiaires agissant par explosion ou autrement, ou d'un explosif quelconque, quelle que soit sa composition, à moins qu'il ne justifie : 1° d'une autorisation administrative ; 2° de motifs légitimes de la fabrication ou de la détention.

L'autorisation est désormais insuffisante, car elle a pu être surprise à l'administration par des malfaiteurs avisés qui l'ont trompée sur le véritable but qu'ils poursuivent. Il faut que les fabricants et les simples détenteurs justifient, en outre, des motifs légitimes de fabriquer ou de détenir, question dont les tribunaux seront les souverains appréciateurs. De même, la preuve que la fabrication et la détention ont une cause et un but légitimes ne suffira pas pour échapper aux poursuites ; elle devra être accompagnée de l'autorisation administrative.

Ainsi le premier alinéa de la loi du 19 juin 1871, nouveau texte, punit la fabrication et la détention sans autorisation et sans moyens légitimes :

1° De toutes machines ou engins meurtriers ou incendiaires, agissant par explosion ou autrement, tels que bombes, machines infernales, etc. ;

2° De tous explosifs quelle que soit leur composition : poudres, dynamite, mélinite, panclastite, grisoutine, etc.

Devant la Chambre des députés, on critiqua la détention « d'engins meurtriers ou incendiaires » comme vague et pouvant atteindre la simple détention d'un couteau-poignard, d'un sabre ou d'un fusil de chasse. Mais l'équivoque ne nous paraît pas possible, les dispositions de la loi ne visant que les matières explosives et les engins agissant par explosion ou autrement, et non les armes dont la fabrication et la détention demeurent régies par les lois spéciales.

§ 2. — DE LA FABRICATION OU DE LA DÉTENTION DE TOUTE AUTRE SUBSTANCE DESTINÉE A LA COMPOSITION D'UN EXPLOSIF

Le second paragraphe de la loi étend à la fabrication et à la détention illégitimes de toute matière destinée à la composition d'un explosif les peines édictées contre la fabrication et la détention de l'explosif lui-même.

Il ne s'agit pas de la fabrication et de la détention de matières, d'instruments ou d'objets destinés à la confection d'un engin ou d'une machine, mais seulement de substances susceptibles d'entrer dans la composition d'un explosif, telles que la nitroglycérine, l'acide sulfurique, le protoxyde de fer, le mercure, etc. etc.

Ces produits chimiques sont dans le commerce et d'un usage commun. Il eût donc été excessif d'assujettir leur fabrication et leur détention à une autorisation administrative; mais. pour échapper aux poursuites, les fabricants et les détenteurs devront établir qu'ils ont des motifs légitimes de fabriquer ou de détenir ces substances. Félix Fénéon, impliqué dans le procès des trente anarchistes, pour association de malfaiteurs, était également poursuivi pour détention, dans un placard de son bureau au ministère de la Guerre, d'un flacon contenant du mercure jusqu'au tiers de sa hauteur.

§ 3. — CIRCONSTANCES ATTÉNUANTES. COMPÉTENCE

L'article 4 de la loi du 19 juin 1871 autorise l'admission des circonstances atténuantes, et. aucune modification n'ayant été apportée à la loi sur ce point, l'article 463 sera applicable aux individus condamnés en vertu de la présente loi.

Enfin, les faits visés par le nouveau texte, étant punis de peines correctionnelles, sont de la compétence des tribunaux correctionnels.

Au Sénat, M. Fresneau proposa de déférer aux conseils de guerre les attentats commis au moyen de substances explosives ; mais son contre-projet fut repoussé et renvoyé à la commission d'initiative parlementaire, le danger n'ayant pas paru assez grave pour justifier un tel changement de juridiction, et « l'exagération dans les moyens de défense, disait M. Trarieux dans son rapport, risquant d'ajouter au mal en semant la frayeur là où le sang-froid est nécessaire ».

Disons, en terminant, que les peines prononcées pour fabrication ou détention illégitimes d'engins explosifs, d'explosifs ou de matières destinées à entrer dans la composition d'un explosif, sont soumises à l'emprisonnement individuel, conformément aux dispositions de l'article 4, § 2, de la loi du 28 juillet 1894 contre les menées anarchistes.

ANNEXES

ANNEXE N. 1

RAPPORT fait à la Chambre des députés sur le projet de loi relatif aux matières explosives, par M. CHAULIN-SERVINIÈRE, *député.*

MESSIEURS,

Le Gouvernement a déposé un projet de loi sur les explosifs portant modification et addition à l'article 3 de la loi du 19 juin 1871 ; il est indispensable de le rappeler dans ce rapport, avec l'exposé des motifs qui le précède :

La loi du 19 juin 1871 punit la fabrication ou la détention, sans autorisation, d'engins meurtriers ou incendiaires agissant par explosion ou autrement, ou de poudre fulminante, quelle qu'en soit la composition. Cette énumération nous a paru devoir être complétée. Il est nécessaire de pouvoir atteindre désormais la fabrication ou la détention, sans motifs légitimes, de toute autre substance, lorsqu'il sera manifeste que cette substance est destinée à entrer dans la composition d'un explosif. Le nouveau texte que nous vous proposons a pour objet de combler sur ce point une lacune existant dans notre législation.

En conséquence, nous avons l'honneur de soumettre à vos délibérations le projet de loi dont la teneur suit :

ARTICLE UNIQUE. — L'article 3 de la loi du 19 juin 1871 est modifié ainsi qu'il suit :

« Tout individu, fabricant ou détenteur, sans motifs légitimes, de machines ou engins meurtriers ou incendiaires, agissant par explosion ou autrement, ou de poudre fulminante, quelle que soit sa composition, ou de toute autre substance destinée à entrer dans la composition d'un explosif, sera puni d'un emprisonnement de six mois à cinq ans et d'une amende de 50 à 3,000 francs. »

La commission a examiné le projet qui lui a été soumis ; elle s'est inspirée de la situation actuelle et a reconnu la nécessité de donner au Gouvernement les armes nécessaires pour prévoir et combattre les méfaits d'individus qui sans doute, pour se donner une couleur politique et échapper dans une certaine mesure à l'application rigoureuse de nos lois pénales, ont pris le nom « d'anarchistes ».

L'article 3 de la loi du 19 juin 1871 était ainsi conçu :

« Tout individu fabricant ou détenteur, sans autorisation, de machines ou engins meurtriers ou incendiaires, agissant par explosion ou autrement, ou de poudre fulminante, quelle qu'en soit la composition, sera puni d'un emprisonnement de six mois à cinq ans et d'une amende de 50 à 3,000 francs. »

La fabrication ou la détention, sans autorisation, de machines, constituait une contravention. Le fait seul était visé par la loi. La proposition du Gouvernement, qui avait mis dans son texte de loi « sans motifs légitimes », modifie la qualification. Les juges auront dans l'avenir l'appréciation du fait : la contravention devient un délit.

C'est précisément en tenant compte de la volonté très justifiée du Gouvernement d'avoir en main une formule plus nette et plus large visant la fabrication et la détention des machines ou engins meurtriers ou incendiaires agissant par explosion ou autrement, ou d'un explosif quelconque quelle que soit sa composition, que la commission a pensé qu'il y avait lieu de dire « sans autorisation et sans motifs légitimes » au lieu de dire « sans motifs légitimes ».

En effet, si le texte du Gouvernement avait été respecté, il en serait résulté que l'autorisation accordée devait nécessairement être considérée comme un motif légitime de fabrication ou de détention. Or, il n'est pas discutable qu'une autorisation de fabrication ou de détention de machines ou engins explosibles et d'un explosif quelconque peut être facilement surprise et que l'impunité serait accordée à ceux qui non seulement auraient fabriqué ou détenu, mais qui auraient en plus trompé les pouvoirs publics en obtenant une autorisation par des mensonges ou des manœuvres frauduleuses.

Avec la rédaction nouvelle l'autorisation ne suffit pas, mais elle est nécessaire et il faut en plus avoir des motifs légitimes pour fabriquer et détenir des machines ou engins meurtriers ou incendiaires, agissant par explosion ou autrement, ou des explosifs, quelle que soit leur composition.

La commission a été de l'avis du Gouvernement pour la rédaction de la deuxième partie du projet de loi.

Il s'agit, en effet, simplement de la fabrication ou de la détention de substances destinées à entrer dans la composition d'un explosif.

La demande d'autorisation eût été exagérée dans ce dernier cas. Les substances destinées à entrer dans la composition d'un explosif ou susceptibles d'y concourir sont d'un usage commun. Il suffit de dire que le fabricant ou le détenteur avait des motifs légitimes de fabriquer et de détenir, pour qu'il n'y ait lieu ni à poursuites ni par conséquent à condamnation.

La loi du 19 juin 1871 permettait aux juges (art. 4) d'appliquer aux prévenus l'article 463 du Code pénal. La nouvelle loi n'abroge pas la loi du 19 juin 1871, elle la modifie simplement. L'article 463 du Code pénal reste également applicable comme sous l'empire de la loi du 19 juin 1871.

ANNEXE N° 2

RAPPORT fait au Sénat sur le projet de loi relatif aux matières explosives, par M. TRARIEUX, sénateur.

MESSIEURS,

Tous les gouvernements ont reconnu la nécessité, dans un intérêt de sûreté publique, de réglementer la fabrication et la détention des armes de guerre et des machines meurtrières agissant par explosion ou autrement. La loi du 19 juin 1871 n'a fait, à cet égard, que reproduire les dispositions des lois antérieures des 24 mai 1834, 27 février 1858 et 14 juillet 1860, un moment abrogées par le décret du 4 septembre 1870, que pouvaient seules justifier les exigences exceptionnelles et transitoires de la défense nationale.

Les modifications apportées par la Chambre des députés à l'article 3 de la loi de 1871 sont destinées à combler quelques lacunes que l'expérience y a rendues sensibles, mais elles ne sortent point, en réalité, de son cadre, et, au fond des choses, elles ne constituent qu'une innovation de minime importance.

La rédaction nouvelle qui nous est présentée ne diffère de l'ancienne que sur deux points :

En premier lieu, elle édicte qu'il ne suffira plus d'une autorisation administrative pour justifier la fabrication ou la détention de machines ou engins meurtriers, et qu'à cette autorisation devra s'ajouter, quand la demande en sera faite, l'indication d'un motif légitime. Le but est de prévenir des surprises et d'éviter qu'une autorisation donnée par erreur ne puisse assurer l'impunité aux entreprises coupables qu'elle aurait pu favoriser.

Elle a pour but, en second lieu, d'étendre à la fabrication ou à la détention sans motifs légitimes de toute substance quelconque, destinée à composer un explosif, les peines déjà en vigueur contre la fabrication et la détention des poudres fulminantes. Il s'agit d'atteindre la matière première pouvant servir à la préparation de tout produit capable de provoquer une explosion, comme se trouve atteint le produit lui-même.

Ce surcroît de précautions ne saurait, on le voit, soulever de bien sérieux scrupules, et, bien que votre commission l'ait cru exagéré, elle n'aurait, si elle avait une critique à lui adresser, qu'à se demander s'il répond pleinement à l'esprit de répression énergique que l'intérêt général réclame en face des menaces dont la société est l'objet.

C'est la crainte de cette insuffisance possible qui a engagé notre honorable collègue, M. Fresneau, à nous saisir d'un contre-projet dont nous avons aussi à vous rendre compte, mais qui, malgré ses bonnes intentions, nous a, au contraire, paru dépasser le but.

M. Fresneau propose de substituer au projet voté par la Chambre des députés les dispositions ci-après :

« ARTICLE UNIQUE. — Tout attentat commis ou préparé au moyen de substances explosives est justiciable des conseils de guerre.

« La confection ou le recel des engins ayant pour destination les crimes prévus dans l'article précédent relèvent de la même juridiction et seront punis de cinq à vingt années de détention dans une forteresse. »

Cet amendement repose sur deux idées maîtresses :

La première consisterait à saisir les conseils de guerre des attentats ou préparatifs d'attentats qui, dans l'état actuel de la législation, ressortissent aux cours d'assises ou aux tribunaux correctionnels, suivant qu'ils constituent des crimes ou des délits.

La seconde serait de transformer en crime la fabrication ou la détention d'engins explosifs, qui ne sont, d'après la loi de 1871, que des délits, et d'appliquer à la répression de cette nature de faits la détention dans une forteresse.

Nous n'avons pas été absolument surpris que, dans son désir d'affranchir la société d'actes de sauvagerie véritable, notre honorable collègue ait été conduit à la pensée de les soustraire au droit commun. Cependant, nous ne pouvons croire qu'il fût sage de nous ranger à son avis.

En ce qui concerne le choix d'une pénalité nouvelle, nous trouvons, d'abord, que la peine de la détention (peine de droit politique) serait un trop grand honneur pour des criminels qui prétendent bien, il est vrai, poursuivre la transformation de notre organisation sociale à la manière des révolutionnaires, mais dans lesquels nous ne pouvons voir que des meurtriers vulgaires, même quand ils n'en sont encore qu'à la préparation des attentats dont ils voudraient qu'on les glorifiât.

Quant à recourir, pour mieux assurer la répression, aux conseils de guerre, sans doute nous sommes bien en présence d'un de ces dangers inquiétants pour la paix publique qui peuvent quelquefois légitimer le recours à des tribunaux d'exception, mais il faut se garder de répandre l'idée que le péril soit assez grave pour nécessiter un tel changement de juridiction. L'exagération dans les moyens de défense peut risquer d'ajouter au mal existant en semant la frayeur là où le sang-froid est nécessaire ; et il semble d'autant moins opportun d'agir comme si nous étions dominés par la crainte, que nous avons toute certitude d'avoir raison d'une poignée

de malfaiteurs, en montrant seulement, par une surveillance
active et continue, notre ferme volonté de les rendre obéis-
sants aux lois.

Nous avons, au surplus, pris l'opinion du Gouvernement,
qui nous a instamment priés de ne rien ajouter à son projet
et de nous en tenir au vote de la Chambre. Il nous a déclaré
que les lois nouvelles dont il nous a saisis lui paraissaient
suffisantes dans leur ensemble pour garantir la sécurité
publique, et il a ajouté que, du reste, s'il avait trop présumé
des armes qu'il nous demande, il n'hésiterait point à solici-
ter encore toutes celles qui, contrairement à ses prévisions
actuelles, pourraient devenir indispensables. Eussions-nous
eu quelque hésitation, qu'elle aurait été dissipée par de tels
engagements, qui nous commandent évidemment de laisser
à ceux qui en ont la charge et qui s'en réclament le poids et
l'honneur des responsabilités.

ANNEXE N° 3

*CIRCULAIRE de M. le garde des sceaux relative
à l'application des lois des 12 et 18 décembre 1893*

Paris, le 23 décembre 1893.

Monsieur le Procureur général,

Les lois qui viennent d'être votées par les deux Chambres
ne modifient pas la politique générale du Gouvernement, qui
reste conforme à la tradition républicaine et aux tendances
libérales et progressistes de la nation. Elles sont destinées
à rendre plus efficaces les moyens qu'il est devenu indispensable d'employer pour défendre la sécurité publique menacée par de prétendues doctrines dont l'anarchisme poursuit
la réalisation à l'aide des attentats les plus odieux ; elles ont
donc pour but unique le maintien de l'ordre qui est la condition du progrès.

Il me paraît utile d'appeler votre attention sur leurs principales dispositions et sur l'application que vous devrez en
faire avec vigilance et fermeté.

La loi du 29 juillet 1881 laissait impunie la provocation au
vol et aux crimes énoncés dans l'article 435 du Code pénal.
La provocation directe aux crimes de meurtre, de pillage et
d'incendie était punissable, mais l'apologie de ces crimes
échappait à toute répression. Désormais, ceux qui feront
l'apologie du vol, du meurtre, du pillage et de l'incendie et

des autres crimes énoncés dans l'article 435 du Code pénal, aussi bien que ceux qui les auront provoqués directement, seront frappés de peines que la loi nouvelle a élevées de manière à assurer une répression en rapport avec la gravité des infractions commises. Le législateur a assimilé l'apologie à la provocation, parce qu'en effet l'apologie d'actes criminels constitue, sous une forme détournée, une excitation à les commettre, aussi dangereuse que la provocation directe.

L'innovation la plus importante de la loi du 13 décembre 1893 consiste dans la modification apportée à l'article 49. Les individus qui se rendront coupables des infractions énumérées ci-dessus, aussi bien que ceux qui auront provoqué des militaires à la désobéissance, seront placés sous le régime de droit commun au point de vue de la saisie des écrits et de l'arrestation préventive. Aucune raison sérieuse ne peut être invoquée pour soustraire à l'application des règles du Code d'instruction criminelle des délinquants vis-à-vis desquels la justice doit pouvoir agir avec promptitude et efficacité.

Dans un intérêt d'ordre public qui n'est plus à démontrer, il importe que ces dispositions nouvelles soient appliquées toutes les fois que des infractions seront commises et que, dans ce but, de concert avec l'autorité administrative, vous exerciez la plus active surveillance, notamment sur certaines réunions publiques qui sont devenues des foyers d'agitation et de désordre où se produisent les excitations les plus coupables à commettre des crimes et où la propagande par le fait est ouvertement conseillée. Vous n'omettrez pas non plus de faire constater et de poursuivre les provocations à des militaires dans le but de les détourner de leurs devoirs et de l'obéissance. Dans des cas semblables, réprimer, c'est défendre la patrie.

Si la loi du 29 juillet 1881 était impuissante à réprimer les excitations à commettre des crimes, lorsque ces excitations se dissimulaient sous la forme d'une apologie, notre législation pénale ne fournissait, d'autre part, aucun moyen légal pour entraver la préparation de ces crimes. C'est ainsi que, bénéficiant d'une trop longue impunité, des groupes anarchistes ont pu se constituer qui, reliés entre eux par une idée commune, se livrent à la préparation d'une série indéterminée d'attentats. L'entente s'établit ensuite entre un nombre plus ou moins considérable d'adhérents et l'exécution des crimes conçus est laissée parfois à la libre initiative d'individus qui procèdent isolément pour se dérober plus facilement aux recherches de la justice.

Pour atteindre tous les coupables, il était indispensable de modifier les articles 265 et suivants du Code pénal sur les associations de malfaiteurs. Les dispositions nouvelles punissent à la fois l'association formée, quelle que soit sa durée ou le nombre de ses membres, et même toute entente établie dans le but de commettre ou de préparer des attentats contre les personnes ou les propriétés. En introduisant dans le nouvel article 265 les mots « entente établie », le législateur a voulu laisser aux magistrats le soin d'apprécier, suivant les circonstances, les conditions dans lesquelles un accord pourrait être considéré comme intervenu entre deux ou plusieurs individus pour commettre ou préparer des attentats. Le crime pourra ainsi être caractérisé, abstraction faite de tout commencement d'exécution.

Outre les peines édictées, l'article 266 permettra désormais d'appliquer aux condamnés la peine de la relégation. Il ne vous échappera pas, monsieur le Procureur général, que, dans bien des cas, cette peine constituera un efficace moyen de défense sociale. Il importe, en effet, d'écarter de notre société des hommes dont la présence, en France, à l'expiration de leur peine, pourrait constituer un danger pour la sécurité publique.

Enfin, pour compléter les mesures prises contre les partisans de la propagande par le fait, il était indispensable de modifier l'article 3 de la loi du 19 juin 1871, relatif à la détention des engins meurtriers ou incendiaires. Tout individu qui détient, sans motifs légitimes, des engins de cette nature est déjà justement soupçonné. Mais la loi de 1871 n'avait pu prévoir tous les nouveaux moyens de destruction. Le nouvel article 3 permettra d'atteindre non seulement la détention, sans motifs légitimes et sans autorisation, de tout engin et de toute poudre fulminante, mais encore la détention sans motifs légitimes de toute substance quelconque manifestement destinée à entrer dans la composition d'un explosif.

Telles sont, monsieur le Procureur général, les dispositions nouvelles que les Chambres ont introduites dans notre législation pénale pour vous mettre en état de concourir, d'une manière efficace, à la défense des institutions et de l'ordre. Vous les appliquerez avec résolution. Aucune infraction ne devra demeurer impunie. L'autorité administrative mettra au service de la justice tous les moyens dont elle dispose. Vous vous concerterez avec elle en toute circonstance, en vous pénétrant de cette idée qu'il n'y a de gouvernement véritable et que le gouvernement ne peut exercer une action féconde que si tous les services publics sont unis entre eux par une étroite solidarité. Je ne doute pas que l'accord ne soit facile entre des magistrats et des fonctionnaires, les uns et les autres dévoués à leurs devoirs et conscients de leur responsabilité.

Dans les cas d'urgence, ou quand les infractions seront évidentes, vous n'hésiterez pas à prendre l'initiative des poursuites, sauf à m'en référer chaque fois que l'affaire vous paraîtra l'exiger. Dans la plupart des cas, une prompte répression est seule véritablement utile. Vous veillerez, en conséquence, à ce que les poursuites soient toujours conduites avec la plus grande célérité, et vous provoquerez des sessions extraordinaires d'assises toutes les fois que cela vous paraîtra nécessaire.

Le Gouvernement espère que l'application énergique et persistante des lois nouvelles suffira pour mettre un terme à une propagande criminelle. Le pays attend de nous une protection efficace. Notre devoir est de la lui donner par tous les moyens que les lois mettent à notre disposition.

Recevez, monsieur le Procureur général, l'assurance de ma considération très distinguée.

Le garde des Sceaux, ministre de la Justice,
Antonin DUBOST.

TABLE DES MATIÈRES

PREMIÈRE PARTIE

	Pages
Loi du 28 juillet 1894..	3
Avant-propos..	7

ARTICLE 1er

Chapitre Ier. — De la compétence des tribunaux correctionnels. .. 9
§ 1er. — De la provocation au vol, au meurtre, au pillage, à l'incendie, à la destruction à l'aide d'engins explosifs et aux crimes contre la sûreté extérieure de l'État......................... 12
§ 2. — De l'apologie.. 20
§ 3. — De l'excitation des militaires à la désobéissance envers leurs chefs.. 26
Chapitre II. — Caractères anarchistes de la provocation et de l'apologie 29

ARTICLE 2

Chapitre Ier. — De la propagande anarchiste..................... 35
§ 1er. — De la propagande anarchiste par provocation et apologie non publiques.. 35
a. — De la propagande par images, dessins, gravures ou peintures.. 42
b. — De la propagande par emblèmes....................... 45
c. — De la propagande par cris ou chants................... 45
d. — De la propagande par gestes.......................... 45
§ 2. — De la propagande par la provocation anarchiste ou non anarchiste des militaires à la désobéissance.................. 46
a. — De la provocation non publique et anarchiste des militaires à la désobéissance.................................. 47
b. — De la provocation non publique et non anarchiste des militaires à la désobéissance.................................. 50

Pages.

Chapitre II. — Déclaration unique. Ensemble de charges. Révélation du nom des dénonciateurs 52
  § 1ᵉʳ. — Déclaration unique.. 54
  § 2. — Ensemble de charges... 56
  § 3. — De la révélation du nom des dénonciateurs................. 59

ARTICLE 3

De la relégation.. 60
  § 1ᵉʳ. — Conditions auxquelles la relégation pourra être prononcée. 72
    a. — Condamnation à plus d'un an d'emprisonnement....... 73
    b. — Condamnations antérieures pouvant être comptées en vue de la relégation.. 74
    c. — Crimes et délits politiques.................................... 74
    d. — Des délits de presse.. 78
  § 2. — Dispositions générales de la loi du 27 mai 1885, applicables à la relégation des anarchistes........................... 81
    a. — Grâce, réhabilitation et amnistie.......................... 82
    b. — Condamnés âgés de plus de 60 ans et de moins de 21 ans. 82
    c. — Le jugement ou l'arrêt prononçant la relégation devra viser les condamnations antérieures............................ 83
    d. — La procédure des flagrants délits ne sera pas applicable lorsque la poursuite entraînera la relégation................ 83

ARTICLE 4

De l'emprisonnement individuel.. 85

ARTICLE 5

  § 1ᵉʳ. — De l'interdiction de la publication des débats......... 87
    a. — L'interdiction est facultative............................. 89
    b. — La publication des jugements et arrêts ne pourra jamais être interdite... 92
    c. — L'interdiction du compte rendu pourra être appliquée aux débats sur la compétence.................................. 93
    d. — La reproduction des cris anarchistes proférés après le jugement ne pourra pas être interdite......................... 94
    e. — La publication des débats peut être interdite dans tous les procès ayant un caractère anarchiste..................... 94
  § 2. — Applications de l'interdiction du compte rendu......... 95
    a. — Journaux du soir... 95
    b. — Journaux étrangers.. 96
    c. — Journaux français publiant des débats anarchistes jugés à l'étranger.. 97
    d. — Journaux étrangers publiant des débats anarchistes jugés à l'étranger.. 98
  § 3. — Poursuites et pénalités des infractions à l'interdiction du compte rendu... 99

Pages.

§ 4. — Des publications d'actes de procédures criminelles ou
correctionnelles faites avant leur lecture à l'audience........ 100
   a. — Publication anticipée d'actes de procédures relevant de
la loi du 28 juillet 1894............................. 101
   b. — Publication anticipée de pièces de procédures ayant un
caractère anarchiste...... 103

ARTICLE 6

Des circonstances atténuantes................................. 105
Loi Bérenger... 106
Prescription.. 107
Procédure... 108

ANNEXES

Circulaire de M. le garde des sceaux sur l'application de la loi du
28 Juillet 1894.. 113
Rapport fait à la Chambre des députés par M. Lasserre........... 118
Rapport fait au Sénat par M. Trarieux........................... 132

DEUXIÈME PARTIE

Loi du 12 décembre 1893.............................. 139
Exposé des motifs.. 139
Historique.. 145

ARTICLE 24

Chapitre Ier. — De la provocation et de l'apologie............... 147
§ 1er. — De la provocation au meurtre, au pillage, à l'incendie,
au vol, à la destruction et aux crimes contre la sûreté extérieure de l'État... 153
   a. — Provocation au meurtre, au pillage, à l'incendie........ 153
   b. — Provocation au vol.................................. 154
   c. — Provocation à la destruction......................... 156
   d. — Provocation aux crimes contre la sûreté extérieure de
l'État... 158
§ 2. — De la provocation directe et publique aux crimes contre
la sûreté intérieure de l'État............................. 159
§ 3. — De l'apologie des crimes de meurtre, pillage, incendie,
du vol ou de la destruction............................... 160
§ 4. — Des cris ou chants séditieux......................... 164

ARTICLE 25

Chapitre II. — De l'excitation des militaires à la désobéissance... 165

242   TABLE DES MATIÈRES

ARTICLE 49

Pages.

Chapitre III. — De la saisie et de l'arrestation préventives. Compétence...... 169

Loi du 18 décembre 1893 sur les associations de malfaiteurs...... 177
Exposé des motifs...... 177

ARTICLE 265

Chapitre Ier. — De l'association des malfaiteurs et de l'entente. .. 181

ARTICLE 266

Chapitre II. — De l'affiliation à une association de malfaiteurs et de la participation à l'entente. Pénalités. Relégation........... 191

ARTICLE 267

Chapitre III. — De la participation à l'entente par fourniture des instruments du crime, moyens de correspondance, logement ou lieu de réunion...... 197

ARTICLE 268...... 204

ANNEXES

Rapport fait à la Chambre des députés par M. Flandin........... 207
Rapport fait au Sénat par M. Bérenger...... 212

Loi du 18 décembre 1893 sur la fabrication et la détention illégitimes d'engins explosifs ou d'explosifs...... 219

§ 1er. — De la fabrication et de la détention d'engins explosifs ou d'explosifs...... 220
§ 2. — De la fabrication et de la détention de toute autre substance destinée à entrer dans la composition d'un explosif.... 222
§ 3. — Circonstances atténuantes. Compétence...... 222

ANNEXES

Rapport fait à la Chambre des députés par M. Chaulin-Servinière. 226
Rapport fait au Sénat par M. Trarieux...... 229
Circulaire de M. le garde des sceaux sur l'application des lois des 12 et 18 décembre 1893...... 233

www.ingramcontent.com/pod-product-compliance
Ingram Content Group UK Ltd.
Pitfield, Milton Keynes, MK11 3LW, UK
UKHW021020140726
13695UKWH00001B/366